N° 248

Par Valtaire — Voy. Martin
n° 2227.

LETTRES

Ecrites de

LONDRES

SUR LES

ANGLOIS

ET

AUTRES SUJETS.

Par M. D. V***

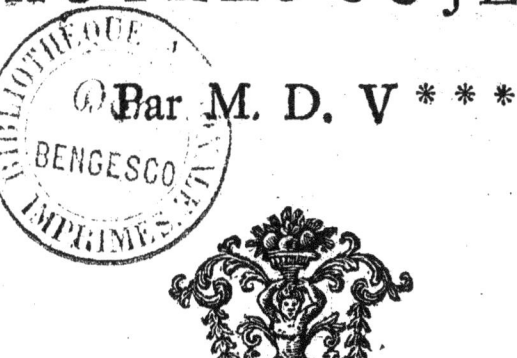

A *BASLE*,

MDCCXXXIV.

PREFACE.

CES Lettres furent écrites de Londres depuis 1728. jusqu'à 1730 par une personne fort connuë dans le monde; elles ont couru longtems manuscriptes à Londres & à Paris. Deux Anglois les traduisirent en 1732; l'une de ces Traductions fut imprimée aussi-tôt, & eut un debit prodigieux. On commença alors à Londres l'Edition du Manuscript François; l'auteur nous fit prier de la suprimer. Il nous manda plusieurs fois qu'il ne pouvoit consentir à l'impression de ces lettres, qui avoient été écrites librement, & qui n'étoient pas pour être publiques. Nous deferâmes à ses remontrances, &

PREFACE.

nous fuprimâmes un an entier l'edition: mais fachant que les copies manufcriptes fe multiplioient, que plufieurs libraires fe preparoient à les imprimer à Londres, & que Neaulme & Ledet en avoient commencé l'impreffion à Amfterdam & à la Haye, étant inftruits de plus que d'autres Libraires avoient fait traduire en François la Traduction Angloife de ces Lettres; il nous a été enfin impoffible de fuprimer plus longtems cette edition, & nous nous flattons que fi nous déplaifons malgré nous à l'auteur, nous ne déplairons pas au Public.

TABLE

TABLE
DES
MATIERES.

LETTRE I.
Sur les Quakers.　　　　Page 1

LETTRE II.
Sur les Quakers.　　　　p. 11

LETTRE III.
Sur les Quakers.　　　　p. 16

LETTRE IV.
Sur les Quakers.　　　　p. 32

LETTRE V.
Sur la Religion Anglicane.　　p. 33

LETTRE VI.
Sur les Presbyteriens.　　p. 39

TABLE.

LETTRE VII.
Sur les Sociniens ou Ariens, ou Antitrinitaires.   p. 44

LETTRE VIII.
Sur le Parlement.   p. 49

LETTRE IX.
Sur le Gouvernement.   p. 56

LETTRE X.
Sur le Commerce.   p. 66

LETTRE XI.
Sur l'Insertion de la petite Verole.   70

LETTRE XII.
Sur le Chancelier Bacon.   p. 80

LETTRE XIII.
Sur Mr. Locke.   p. 91

LETTRE XIV.
Sur Des Cartes & Newton.   p. 105

LET-

TABLE.

LETTRE XV.
Sur l'Attraction.   p. 117

LETTRE XVI.
Sur l'Optique de Mr. Newton.   136

LETTRE XVII.
Sur l'Infiny de la Géometrie, & sur la Chronologie de Mr. Newton.   p. 145

LETTRE XVIII.
Sur la Tragedie.   p. 158

LETTRE XIX.
Sur la Comedie.   p. 169

LETTRE XX.
Sur les Seigneurs qui cultivent les Lettres.   p. 179

LETTRE XXI.
Sur le Comte de Rochester & Mr. Waller.   p. 184

LETTRE XXII.
Sur Mr. Pope.   p. 194

LET-

TABLE.

LETTRE XXIII.
Sur la Confideration qu'on doit aux Gens de Lettres.   p. 203

LETTRE XXIV.
Sur la Société Royale, & sur les Academies.   p. 211

Lettre sur l'Incendie de la Ville d'Altena.   p. 222

LETTRES
SUR LES
ANGLOIS.

✼✼✼✼✼✼✼✼✼✼✼✼

PREMIE'RE
LETTRE
SUR LES
QUAKERS,

J'AY crû que la doctrine & l'hiſtoire d'un peuple ſi extraordinaire meritoient la curioſité d'un
homme raiſonnable. Pour m'en
inſtruire, j'allay trouver un des plus ce-

A   lebres

lebres Quakers d'Angleterre, qui après avoir été trente ans dans le commerce, avoit fçû mettre des bornes à fa fortune & à fes defirs, & s'étoit retiré dans une campagne auprès de Londres. J'allay le chercher dans fa retraite; c'étoit une maifon petite, mais bien batie, pleine de propreté fans ornement. Le Quaker étoit un vieillard frais, qui n'avoit jamais eu de maladie, parce qu'il n'avoit jamais connu les paffions, n'y l'intemperance. Je n'ay point vu en ma vie d'air plus noble ny plus engageant que le fien. Il étoit vêtu, comme tous ceux de fa religion, d'un habit fans plis dans les cotés, & fans boutons fur les poches ny fur les manches, & portoit un grand chapeau à bords rabatus comme nos Eccléfiaftiques. Il me reçeut avec fon chapeau fur la tête, & s'avança vers moi fans faire la moindre inclination de corps; mais il y avoit plus de politeffe dans l'air ouvert & humain de fon vifage, qu'il n'y en a dans l'ufage de tirer une jambe derriere l'autre, & de porter à la main ce qui eft fait pour couvrir la tête.

tête. Ami me, dit-il, je vois que tu es un étranger, fi je puis t'être de quelqu'utilité, tu n'as qu'à parler. Monſieur, lui dis-je, en me courbant le corps, & en gliſſant un pied vers lui ſelon nôtre coutume, je me flatte que ma juſte curioſité ne vous déplaira pas, & que vous voudrez bien me faire l'honneur de m'inſtruire de vôtre Religion. Les gens de ton pays, me répondit il, font trop de compliments & de reverences, mais je n'en ay encore vû aucun qui ait eu la même curioſité que toi. Entre, & dinons d'abord enſemble. Je fis encore quelques mauvais complimens, par-ce qu'on ne ſe deffait pas de ſes habitudes tout d'un coup, & après un repas ſain & frugal, qui commença & qui finit par une priere à Dieu, je me mis à interroger mon homme. Je debutai par la queſtion que de bons Catholiques ont fait plus d'une fois aux Huguenots. Mon cher Monſieur, dis-je, étes vous baptiſé? Non, me répondit le Quaker, & mes confréres ne le font point. Comment morbleu, repris-

A 2   je,

je, vous n'étes donc pas Chrétiens ? Mon ami, repartit-il d'un ton doux, ne jure point ; nous sommes Chrétiens, & tâchons d'être bons Chrétiens, mais nous ne pensons pas que le Christianisme consiste à jetter de l'eau sur la tête d'un enfant. Eh bon Dieu ! repris-je outré de cette impieté, vous avez donc oublié que Jesus Christ fût baptisé par Jean. Amy point de juremens, encore un coup, dit le benin Quaker. Le Christ reçut le baptême de Jean, mais il ne baptisa jamais personne ; nous ne sommes pas les disciples de Jean, mais du Christ. La bonnefoy de mon Quaker me faisoit compassion, & je voulois à toute force qu'il se fit baptiser. S'il ne falloit que cela pour condescendre à ta foiblesse, nous le ferions volontiers, repartit-il gravement ; nous ne condamnons personne pour user de la ceremonie du baptesme, mais nous croions que ceux qui professent une religion toute sainte & toute spirituelle, doivent s'abstenir autant qu'ils le peuvent des ceremonies Judaïques. En voicy bien d'une autre,

autre, m'écriay-je; des ceremonies Judaïques! Oüi, mon ami, continua-t-il, & si Judaïques, que plusieurs Juifs encore aujourd'hui usent quelquefois du baptesme de Jean. Consulte l'antiquité, elle t'aprendra que Jean ne fit que renouveller cette pratique, laquelle étoit en usage longtems avant lui parmi les Hebreux, comme le pelerinage de la Meque l'étoit parmi les Ismaëlites. Jesus voulut bien recevoir le baptême de Jean, de même qu'il s'étoit soumis à la circoncision; mais, & la circoncision & le lavement d'eau, doivent être tous deux abolis par le baptême du Christ, ce baptême de l'esprit, cette ablution de l'ame qui sauve les hommes. Aussi le precurseur Jean disoit, *Je vous baptise à la verité avec de l'eau, mais un autre viendra après moi plus puissant que moi & dont je ne suis pas digne de porter les sandalles; celui-là vous baptisera avec le feu & le saint esprit.* Aussi le grand apôtre des Gentils, Paul, écrit aux Corinthiens, *le Christ ne m'a pas envoyé pour baptiser, mais pour precher l'Evangile;*

gile; aussi ce même Paul ne baptisa jamais avec de l'eau que deux personnes, encore fût-ce malgré lui. Il circoncit son disciple Timothée, les autres Apotres circoncisoient aussi tous ceux qui vouloient l'être; es tu circoncis, ajouta-t-il? Je lui répondis que je n'avois pas cet honneur. Eh bien, dit-il, l'ami tu es Chrétien sans être circoncis, & moi sans être baptisé. Voilà comme mon saint homme abusoit assez specieusement de trois ou quatre passages de la sainte Ecriture qui sembloient favoriser sa secte, mais il oublioit de la meilleure foi du monde une centaine de passages qui l'écrasoient. Je me gardai bien de lui rien contester, il n'y a rien à gagner avec un enthousiaste. Il ne faut point s'aviser de dire à un homme les deffauts de sa maitresse, ny à un plaideur le foible de sa cause, ny des raisons à un illuminé. Ainsi je passai à d'autres questions.

A l'égard de la Communion, luy dis-je, comment en usez vous? Nous n'en usons point, dit-il. Quoi, point de Communion?

munion? Non, point d'autre que celle des cœurs. Alors il me cita encore les Ecritures; il me fit un fort beau fermon contre la Communion, & me parla d'un ton d'infpiré pour me prouver que les Sacremens étoient tous d'invention humaine, & que le mot de Sacrement ne fe trouvoit pas une feule fois dans l'Evangile. Pardonne, dit-il, à mon ignorance, je ne t'ay pas aporté la centiéme partie des preuves de ma religion, mais tu peux les voir dans l'expofition de notre foy par Robert Barclay. C'eft un des meilleurs livres qui foit jamais forti de la main des hommes; nos ennemis conviennent qu'il eft tres dangereux, cela prouve combien il eft raifonnable. Je luy promis de lire ce livre, & mon Quaker me crut deja converti. Enfuite il me rendit raifon en peu de mots de quelques fingularités qui expofent cette fecte au mépris des autres. Avouë, dit-il, que tu as eu bien de la peine à t'empêcher de rire, quand j'ay répondu à toutes tes civilités avec mon chapeau fur la tête, & en te tutoyant.

Cependant tu me parois trop inftruit, pour ignorer que du tems du Chrift, aucune nation ne tomboit dans le ridicule de fubftituer le plurier au fingulier; on difoit à Cefar Augufte, *Je t'aime, je te prie, je te remercie*; il ne fouffroit pas même qu'on l'apellât *Monfieur*, *Dominus*. Ce ne fût que tres longtems après lui que les hommes s'aviferent de fe faire apeller *vous* au lieu de *tu*, comme s'ils étoient doubles, & d'ufurper les titres impertinens de Grandeur, d'Eminence, de Sainteté que des vers de terre donnent à d'autres vers de terre, en les affurant qu'ils font avec un profond refpect, & une fauffeté infame, leurs tres humbles & tres obeiffants ferviteurs. C'eft pour être plus fur nos gardes contre cet indigne commerce de menfonge & de flatteries que nous tutoyons également les Roys & les charboniers, que nous ne faluons perfonne, n'ayans pour les hommes que de la charité, & du refpect que pour les loix.

Nous portons auffi un habit un peu different des autres hommes, afin que
ce

ce soit pour nous un avertissement continuel de ne leur pas ressembler. Les autres portent les marques de leurs dignités, & nous celles de l'humilité Chrétienne. Nous fuyons les assemblées de plaisir, les spectacles, le jeu; car nous ferions bien à plaindre de remplir de ces bagatelles des cœurs en qui Dieu doit habiter. Nous ne faisons jamais de sermens, pas même en justice; nous pensons que le nom du tres haut ne doit point être prostitué dans les debats miserables des hommes. Lorsqu'il faut que nous comparoissions devant les magistrats pour les affaires des autres (car nous n'avons jamais de procés) nous affirmons la verité par un *ouy* ou par un *non*, & les Juges nous en croient sur nôtre simple parole, tandis que tant d'autres Chrétiens se parjurent sur l'Evangile. Nous n'allons jamais à la guerre; ce n'est pas que nous craignions la mort, au contraire nous benissons le moment qui nous unit à l'être des êtres, mais c'est que nous ne sommes ny loups, ny tigres, ny dogues, mais hommes, mais Chrétiens.

Chrétiens. Nôtre Dieu qui nous a ordonné d'aimer nos ennemis, & de souffrir sans murmure, ne veut pas sans doute que nous passions la mer pour aller égorger nos freres, parce que des meurtriers vêtus de rouge, avec un bonnet haut de deux pieds enrôllent des citoyens en faisant du bruit avec deux petits batons sur une peau d'asne bien tenduë. Et lorsqu'après des batailles gagnées tout Londres brille d'illuminations; que le ciel est enflammé de fusées, que l'air retentit du bruit des actions de graces, des cloches, des orgues, des canons, nous gemissons en silence sur ces meurtres qui causent la publique allegresse.

SECONDE

SECONDE LETTRE SUR LES QUAKERS.

TElle fût à peu près la converfation que j'eus avec cet homme fingulier. Mais je fus bien furpris quand le dimanche fuivant il me mena à l'Eglife des Quakers. Ils ont plufieurs chapelles à Londres; celle où j'allay eft prés de ce fameux pillier que l'on appelle le Monument. On étoit déja affemblé, lors que j'entrai avec mon conducteur. Il y avoit environ quatre cens hommes, dans l'églife, & trois cent femmes. Les femmes fe cachoient le vifage avec leur eventail, les hommes étoient couverts de leurs larges chapeaux; tous étoient affis,

assis, tous dans un profond silence. Je passai au milieu d'eux sans qu'un seul levât les yeux sur moi. Ce silence dura un quart d'heure : enfin un d'eux se leva, ota son chapeau, & après quelques grimaces & quelques soupirs, debita moitié avec la bouche, moitié avec le nez un galimatias tiré à ce qu'il croyoit de l'Evangile, où ny lui ny personne n'entendoit rien. Quand ce faiseur de contorsions eût fini son beau monologue, & que l'assemblée se fût separée toute edifiée, & toute stupide, je demandai à mon homme pourquoi les plus sages d'entre eux souffroient de pareilles sotises. Nous sommes obligés de les tolerer, me dit il, parce que nous ne pouvons pas savoir si un homme qui se leve pour parler sera inspiré par l'esprit ou par la folie. Dans le doute nous écoutons tout patiemment, nous permettons même aux femmes de parler; deux ou trois de nos devotes se trouvent souvent inspirées à la fois, & c'est alors qu'il se fait un beau bruit dans la maison du Seigneur. Vous n'avez donc
point

point de Preſtres, lui dis-je. Non, mon ami, dit le Quaker, & nous nous en trouvons bien. Alors ouvrant un livre de ſa ſecte, il lut avec emphaſe ces paroles : A Dieu ne plaiſe que nous oſions ordonner à quelqu'un de recevoir le St. Eſprit le dimanche à l'excluſion de tous les autres fideles. Grace au ciel, nous ſommes les ſeuls ſur la terre qui n'ayons point de Preſtres. Voudrois tu nous ôter une diſtinction ſi heureuſe ? Pourquoi abandonnerons nous notre enfant à des nourices mercenaires, quand nous avons du lait à lui donner ? Ces mercenaires domineroient bientôt dans la maiſon, & opprimeroient la mere & l'enfant. Dieu a dit, vous avez reçû *gratis*, donnez *gratis*. Irons nous après cette parole marchander l'Evangile, vendre l'Eſprit Saint, & faire d'une aſſemblée de Chrétiens une boutique de marchands ? Nous ne donnons point d'argent à des hommes vêtus de noir pour aſſiſter nos pauvres, pour enterrer nos morts, pour prêcher les fideles ; ces ſaints emplois nous ſont trop chers pour nous

nous en décharger fur d'autres. Mais comment pouvez vous difcerner, infiftay-je, fi c'eft l'Efprit de Dieu qui vous anime dans vos difcours ? Quiconque, dit-il, priera Dieu de l'eclaircir, & qui annoncera des verités evangeliques qu'il fentira, que celui-là foit fûr que Dieu l'infpire. Alors il m'accabla de citations de l'Ecriture, qui demontroient felon lui qu'il n'y a point de Chriftianifme fans une revelation immediate, & il ajouta ces paroles remarquables: Quand tu fais mouvoir un de tes membres, eft-ce ta propre force qui le remue ? Non, fans doute, car ce membre a fouvent des mouvemens involontaires; c'eft donc celui qui a creé ton corps qui meut ce corps de terre. Et les ideés que reçoit ton ame, eft-ce toi qui les forme ? Encore moins, car elles viennent malgré toi ; c'eft donc le createur de ton ame qui te donne tes idées ; mais comme il a laiffé à ton cœur la liberté, il donne à ton efprit les idées que ton cœur merite ; tu vis dans Dieu, tu agis, tu penfe dans Dieu. Tu n'as
donc

donc qu'à ouvrir les yeux à cette lumiere qui éclaire tous les hommes, alors tu verras la verité, & la feras voir. Eh! voilà le Pere Malebranche tout pur, m'ecriay-je. Je connois ton Malebranche, dit-il; il étoit un peu Quaker, mais il ne l'etoit pas assez. Ce sont là les choses les plus importantes que j'ai aprises touchant la doctrine des Quakers; dans la premiere Lettre vous aurez leur histoire que vous trouverez encore plus singuliere que leur doctrine.

TROISIE'ME

TROISIÉME LETTRE SUR LES QUAKERS.

VOUS avez déja vû que les Quakers datent depuis Jesus Christ, qui fût selon eux le premier Quaker. La Religion, disent-ils, fût corrompuë presque après sa mort, & resta dans cette corruption environ 1600 années. Mais il y avoit toujours quelques Quakers cachés dans le monde, qui prenoient soin de conserver le feu sacré, éteint par tout ailleurs, jusqu'à ce qu'enfin cette lumiere s'etendit en Angleterre en l'an 1642.

Ce fût dans le tems que trois ou quatre sectes dechiroient la Grande Bretagne par

par des guerres civiles entreprises au nom de Dieu, qu'un nommé Georges Fox, du comté de Leicester, fils d'un ouvrier en soye, s'avisa de prêcher en vrai apôtre à ce qu'il pretendoit, c'est à dire, sans sçavoir ny lire ny écrire. C'étoit un jeune homme de vingt cinq ans, de mœurs irreprochables & saintement fol. Il étoit vêtu de cuir depuis les pieds jusqu'à la tête, il alloit de village en village criant contre la Guerre & contre le Clergé. S'il n'avoit préché que contre les gens de guerre, il n'avoit rien à craindre, mais il attaquoit les gens d'Eglise. Il fût bien-tot mis en prison; on le mena à Darby devant le Juge de Paix. Fox se présenta au Juge avec son bonnet de cuir sur la tête. Un sergent lui donna un grand soufflet, en lui disant, Gueux ne sais tu pas qu'il faut paroitre tête nuë devant Mr. le Juge? Fox tendit l'autre joue, & pria le sergent de vouloir bien lui donner un autre soufflet pour l'amour de Dieu. Le Juge de Darby voulut lui faire prester serment avant de l'interroger; mon amy, sache, dit-il au Juge, que

B je

je ne prends jamais le nom de Dieu en vain. Le Juge voyant que cet homme le tutoyoit, l'envoya aux Petites-maisons de Darby pour y être fouetté. Georges Fox alla en louant Dieu à l'hôpital des fols, où l'on ne manqua pas d'executer à la rigueur la sentence du Juge. Ceux qui lui infligerent la penitence du foüet furent bien surpris quand il les pria de lui appliquer encore quelques coups de verges pour le bien de son ame. Ces Messieurs ne se firent pas prier; Fox eût sa double dose, dont il les remercia tres cordialement: il se mit à les prêcher. D'abord on rit, ensuite on l'écouta, & comme l'entousiasme est une maladie qui se gagne, plusieurs furent persuadés, & ceux qui l'avoient foüetté devinrent ses premiers disciples. Delivré de sa prison il courut les champs avec une douzaine de proselytes prechant toujours contre le Clergé, & foüetté de tems en tems. Un jour étant mis au pilory, il harangua tout le peuple avec tant de force, qu'il convertit une cinquantaine d'auditeurs, & mit le reste tellement

dans

dans ses interests, qu'on le tira en tumulte du trou où il étoit, on alla chercher le curé Anglican dont le credit avoit fait condamner Fox à ce suplice, & on le piloria à sa place.

Il osa bien convertir quelques soldats de Cromwell qui quitterent le metier des armes, & refuserent de prêter le serment. Cromwell ne vouloit pas d'une secte où on ne se battoit point, de même que Sixte Quint auguroit mal d'une secte, *dove non si chiavava:* il se servit de son pouvoir pour persecuter ces nouveaux venus. On en remplissoit les prisons, mais les persecutions ne servent presque jamais qu'à faire des proselytes. Ils sortoient de leurs prisons affermis dans leur creance, & suivis de leurs geolliers qu'ils avoient convertis. Mais voicy ce qui contribua le plus à étendre la secte. Fox se croyoit inspiré, il crût par consequent devoir parler d'une maniere differente des autres hommes. Il se mit à trembler, à faire des contorsions & des grimaces, à retenir son haleine, à la pousser avec violence; la Prê-

tresse

tresse de Delphes n'eut pas mieux fait. En peu de tems il aquit une grande habitude d'inspiration, & bien-tôt après il ne fut plus guere en son pouvoir de parler autrement. Ce fut le premier don qu'il communiqua à ses disciples. Ils firent de bonne foy toutes les grimaces de leur maître, ils trembloient de toutes leurs forces au moment de l'inspiration. De là ils en eurent le nom de *Quakers*, qui signifie *Trembleurs*. Le petit peuple s'amusoit à les contrefaire, on trembloit, on parloit du nez, on avoit des convulsions, & on croyoit avoir le St. Esprit. Il leur faloit quelques miracles, ils en firent.

Le Patriarche Fox, dit publiquement à un Juge de Paix, en presence d'une grande assemblée, Ami prends garde à toy, Dieu te punira bien-tôt de persecuter les Saints. Ce Juge étoit un yvrogne qui s'enyvroit tous les jours de mauvaise bierre & d'eau de vie, il mourût d'apoplexie deux jours après precisément comme il venoit de signer un ordre pour envoyer quelques Quakers

en

en prison. Cette mort foudaine ne fût point attribuée à l'intemperance du Juge; tout le monde la regarda comme un effet des predictions du faint homme; cette mort fit plus de Quakers, que mille fermons & autant de convulfions n'en auroient pû faire. Cromwell voyant que leur nombre augmentoit tous les jours voulût les attirer à fon party, il leur fit offrir de l'argent; mais ils furent incorruptibles, & il dit un jour que cette Religion étoit la feule contre laquelle il n'avoit pû prevaloir avec des guinées.

Ils furent quelquefois perfecutés fous Charles Second, non pour leur religion, mais pour ne vouloir pas payer les dixmes au Clergé, pour tutoyer les Magiftrats, & refufer de prêter les fermens prefcrits par la loy.

Enfin Robert Barclay, Ecoffois, prefenta au Roy en 1675, fon Apologie des Quakers, ouvrage auffi bon qu'il pouvoit l'être. L'Epitre dedicatoire à Charles Second contient non des baffes flateries, mais des verités hardies, & des confeils juftes.

juſtes. " Tu as gouté, dit-il à Charles
" à la fin de cette Epitre, de la douceur
" & de l'amertume, de la proſperité
" & des plus grands malheurs; tu as été
" chaſſé des pays où tu regne, tu as ſen-
" ti le poids de l'oppreſſion, & tu dois
" ſavoir combien l'oppreſſeur eſt deteſ-
" table devant Dieu, & devant les hom-
" mes: que ſi après tant d'épreuves &
" de benedictions ton cœur s'endurcif-
" ſoit, & oublioit le Dieu qui s'eſt ſou-
" venu de toy dans tes diſgraces, ton
" crime en ſeroit plus grand, & ta con-
" damnation plus terrible; au lieu donc
" d'écouter les flateurs de ta cour, écou-
" te la voix de ta conſcience, qui ne te
" flatera jamais. Je ſuis ton fidel
" amy & ſujet, Barclay.

Ce qui eſt plus étonnant, c'eſt que cette lettre écritte à un Roy par un particulier obſcur eût ſon effet, & la perſecution ceſſa.

QUATRIE'ME

QUATRIEME LETTRE SUR LES QUAKERS.

ENVIRON ce tems parut l'illustre Guillaume Pen, qui établit la puissance des Quakers en Amerique, & qui les auroit rendu respectables en Europe, si les hommes pouvoient respecter la vertu sous des apparences ridicules. Il étoit fils unique du Chevalier Pen, Vice-Amiral d'Angleterre, & favory du Duc d'Yorc, depuis Jaques Second.

GUILLAUME PEN à l'age de quinze ans rencontra un Quaker à Oxford, où il faisoit ses études; ce Quaker le persuada, & le jeune homme, qui étoit vif, naturellement eloquent, & qui avoit de l'ascendance l'afcendance dans fa phifionomie & dans fes manieres, gagna bien-tôt quelques uns de fes camarades ; il établit infenfiblement une focieté de jeunes Quakers qui s'affembloient chez lui, de forte qu'il fe trouva chef de fecte à l'age de feize ans.

De retour chez le Vice-Amiral fon pere, au fortir du college, au lieu de fe mettre à genoux devant lui & de lui demander fa benediction, felon l'ufage des Anglois, il l'aborda le chapeau fur la tête, & lui dit, Je fuis fort aife l'ami de te voir en bonne fanté. Le Vice-Amiral crût que fon fils étoit devenu fol ; il s'aperçût bientôt qu'il étoit Quaker, il mit en ufage tous les moyens que la prudence humaine peut employer pour l'engager à vivre comme un autre. Le jeune homme ne repondit à fon pere qu'en l'exhortant à fe faire Quaker lui même. Enfin le pere fe relâcha à ne lui demander autre chofe finon qu'il allât voir le Roy & le Duc d'Yorc le chapeau fous le bras, & qu'il ne les tutoyât point. Guillaume répondit que fa confcience science ne le lui permettoit pas, & le pere indigné & au defefpoir le chaffa de fa maifon. Le jeune Pen remercia Dieu de ce qu'il fouffroit deja pour fa caufe; il alla prêcher dans la cité, il y fit beaucoup de profelytes.

Les Prêches des Miniftres éclairciffoient tous les jours, & comme il étoit jeune, beau, & bien fait, les femmes de la cour & de la ville accouroient devotement pour l'entendre. Le patriarche George Fox vint du fond de l'Angleterre le voir à Londres, fur fa reputation; tous deux refolurent de faire des miffions dans les pays étrangers; ils s'embarquerent pour la Hollande, après avoir laiffé des ouvriers en affez bon nombre pour avoir foin de la vigne de Londres.

Leurs travaux eurent un heureux fuccés à Amfterdam; mais ce qui leur fit plus d'honneur, & ce qui mit le plus leur humilité en danger, fût la reception que leur fit la Princeffe Palatine Elizabeth, tante de George premier Roy d'Angleterre, femme illuftre par fon efprit & par fon fçavoir, & à qui Des
Cartes

Cartes avoit dedié fon Roman de Philofophie.

ELLE étoit alors retirée à la Haye, où elle vit *les Amis*, car c'eft ainfi qu'on appelloit alors les Quakers en Hollande. Elle eût plufieurs conferences avec eux, ils prêcherent fouvent chez elle, & s'ils ne firent pas d'elle une parfaite Quakereffe, ils avouerent au moins qu'elle n'étoit pas loin du Royaume des Cieux. Les Amis femérent auffi en Allemagne, mais ils y recueillerent peu ; on ne gouta pas la mode de tutoyer dans un pays où il faut toujours les termes d'Alteffe & d'Excellence. Pen repaffa bientôt en Angleterre fur la nouvelle de la maladie de fon pere, il vint recueillir fes derniers foupirs. Le Vice-Amiral fe reconcilia avec lui & l'embraffa avec tendreffe quoi qu'il fût d'une differente religion. Mais Guillaume l'exhorta en vain à ne point recevoir le facrement, & à mourir Quaker, & le vieux bon homme recommanda inutilement à Guillaume d'avoir des boutons fur fes manches

manches & des ganses à son chapeau.

Guillaume herita de grands biens parmi lesquels il se trouvoit des dettes de la couronne pour des avances faites par le Vice-Amiral dans des expeditions maritimes. Rien n'étoit moins assuré alors que l'argent dû par le Roy. Pen fut obligé d'aller tutoyer Charles Second & ses Ministres, plus d'une fois, pour son payement. Le gouvernement lui donna en 1680, au lieu d'argent la proprieté & la souveraineté d'une Province d'Amerique, au sud de Maryland. Voilà un Quaker devenu Souverain. Il partit pour ses nouveaux Etats avec deux vaisseaux chargés de Quakers, qui le suivirent. On appella dès lors le pays *Pensilvania*, du nom de Pen; il y fonda la ville de Philadelphie, qui est aujourdhui tres florissante. Il commença par faire une ligue avec les Ameriquains ses voisins. C'est le seul traité entre ces peuples & les Chretiens qui n'ait point été juré, & qui n'ait point été rompû. Le nouveau souverain fut aussi le legislateur
de

de la Penſilvanie, il donna des loix tres ſages, dont aucune n'a été changée depuis lui. La premiere eſt de ne maltraiter perſonne au ſujet de la Religion, & de regarder comme frêres tous ceux qui croient un Dieu.

A peine eut-il établi ſon gouvernement que pluſieurs marchands de l'Amerique vinrent peupler cette colonie. Les naturels du pays au lieu de fuir dans les forêts, s'accoutumerent inſenſiblement avec les pacifiques Quakers. Autant ils deteſtoient les autres Chrétiens conquerans & deſtructeurs de l'Amerique, autant ils aimoient ces nouveaux venus. En peu de tems un grand nombre de ces pretendus Sauvages charmé de la douceur de ces voiſins, vinrent en foule demander à Guillaume Pen de les recevoir au nombre de ſes vaſſaux. C'étoit un ſpectacle bien nouveau qu'un Souverain que tout le monde tutoyoit, & à qui on parloit le chapeau ſur la tête; un gouvernement ſans Prêtres, un peuple ſans armes, des citoyens tous égaux,

à

à la Magistrature près, & des voisins sans jalousie.

Guillaume Pen pouvoit se vanter d'avoir apporté sur la terre l'âge d'or, dont on parle tant, & qui n'a vraisemblablement existé qu'en Pensilvanie. Il revint en Angleterre pour les affaires de son nouveau pays. Après la mort de Charles Second, le Roy Jaques, qui avoit aimé son pere, eût la même affection pour le fils, & ne le considera plus comme un sectaire obscur, mais comme un très grand homme. La politique du Roy s'accordoit en cela avec son gout. Il avoit envie de flatter les Quakers en abolissant les Loix faites contre les Non-Conformistes, afin de pouvoir introduire la Religion Catholique à la faveur de cette liberté. Toutes les sectes d'Angleterre virent le piege, & ne s'y laisserent pas prendre ; elles sont toujours reunies contre le Catholicisme, leur ennemi commun. Mais Pen ne crût pas devoir renoncer à ses principes pour favoriser des Protestans qui le haïssoient,

contre

contre un Roy qui l'aimoit. Il avoit établi la liberté de confcience en Amerique, il n'avoit pas envie de vouloir paroitre la détruire en Europe ; il demeura donc fidel à Jaques Second, au point qu'il fût generallement accufé d'être Jefuite. Cette calomnie l'affligea fenfiblement, il fût obligé de s'en juftifier par des Ecrits publics. Cependant le malheureux Jaques Second, qui comme prefque tous les Stuards étoit un compofé de grandeur & de foibleffe, & qui comme eux en fit trop & trop peu, perdit fon Royaume fans qu'on pût dire comment la chofe arriva.

Toutes les fectes Angloifes reçûrent de Guillaume Troifiéme & de fon Parlement, cette même liberté qu'elles n'avoient pas voulu tenir des mains de Jaques. Ce fût alors que les Quakers commencerent à jouïr par la force des loix de tous les privileges dont ils font en poffeffion aujourd'hui. Pen, après avoir vû enfin fa fecte établie fans contradiction dans le pays de fa naiffance, retourna

tourna en Penfilvanie. Les fiens & les Ameriquains le reçûrent avec des larmes de joye, comme un pere qui revenoit voir fes enfans. Toutes fes loix avoient été religieufement obfervées pendant fon abfence; ce qui n'étoit arrivé à aucun legiflateur avant lui. Il refta quelques années à Philadelphie: il en partit enfin malgré lui pour aller folliciter à Londres des avantages nouveaux en faveur du commerce des Penfilvains; il ne les revit plus, il mourut à Londres en 1718.

Je ne puis deviner quel fera le fort de la Religion des Quakers en Amerique, mais je vois qu'elle déperit tous les jours à Londres. Par tout pays la Religion dominante, quand elle ne perfecute point, engloutit à la longue toutes les autres. Les Quakers ne peuvent être membres du Parlement, ny poffeder aucun office, parce qu'il faudroit prêter ferment, & qu'ils ne veulent point jurer; ils font reduits à la neceffité de gagner de l'argent par le commerce. Leurs enfans enrichis

chis par l'industrie de leurs peres, veulent joüir, avoir des honneurs, des boutons, & des manchettes, ils sont honteux d'être appellés Quakers, & se font Protestans pour être à la mode.

CINQUIE'ME

CINQUIE'ME LETTRE SUR LA RELIGION ANGLICANE.

C'EST icy le pays des Sectes: *multæ sunt manſiones in domo patris mei:* un Anglois comme homme libre va au ciel par le chemin qui lui plait.

CEPENDANT quoique chacun puiſſe icy ſervir Dieu à ſa mode, leur veritable Religion, celle où l'on fait fortune, eſt la ſecte des Epiſcopaux, appellée l'Egliſe Anglicane, ou l'Egliſe par excellence. On ne peut avoir d'employ ny en Angleterre ny en Irlande ſans être du nombre des fideles Anglicans. Cette raiſon

raison, qui est une excellente preuve, a converti tant de Nonconformistes qu'aujourd'hui il n'y a pas la vingtiéme partie de la nation qui soit hors du giron de l'Eglise dominante.

Le Clergé Anglican a retenu beaucoup des Ceremonies Catholiques, & sur tout celle de recevoir les Dixmes avec une attention très scrupuleuse. Ils ont aussi la pieuse ambition d'être les maîtres.

De plus, ils fomentent autant qu'ils peuvent dans leurs ouailles un saint zéle contre les Nonconformistes. Ce zele étoit assez vif sous le gouvernement des Toris, dans les dernieres années de la Reine Anne; mais il ne s'étendoit pas plus loin qu'à casser quelquefois les vitres des Chapeles heretiques, car la rage des sectes a fini en Angleterre avec les guerres civiles, & ce n'étoit plus sous la Reine Anne que les bruits sourds d'une mer encore agitée longtems après la tempeste. Quand les Whigs & les Toris dechirerent leur pays, comme autrefois les Guelphes & Gibelins, il fallut bien que la Religion entrât dans les partis; les
Toris

Toris étoient pour l'Epifcopat, les Whigs le vouloient abolir, mais ils fe font contentés de l'abbaiffer quand ils ont été les maitres.

Du tems que le Comte Harley d'Oxford & Milord Bolingbroke faifoient boire la fanté des Toris, l'Eglife Anglicane les regardoit comme les defenfeurs de fes faints privileges. L'affemblée du bas Clergé, qui eft une efpece de chambre des communes compofée d'Ecclefiaftiques, avoit alors quelque credit; elle jouïffoit au moins de la liberté de s'affembler, de raifonner de controverfe, & de faire bruler de tems en tems quelques livres impies, c'eft à dire, écrits contre elle. Le Miniftere qui eft Whig aujourd'hui ne permet pas feulement à ces Meffieurs de tenir leur affemblée, ils font reduits dans l'obfcurité de leur parroiffe au trifte employ de prier Dieu pour le Gouvernement, qu'ils ne feroient pas fachés de troubler.

Quant aux Evêques qui font vingt & fix en tout, ils ont feance dans la Chambre haute en dépit des Whigs, parce que le vieil abus de les regarder comme Barons subsiste encore. Il y a une clause dans le serment que l'on prête à l'Etat laquelle exerce bien la patience Chretienne de ces Messieurs; on y promet d'être de l'Eglise comme elle est établie par la Loy. Il n'y a guere d'Evêques, de Doyens, d'Archiprêtres qui ne pensent l'être de droit divin; c'est donc un grand sujet de mortification pour eux d'être obligés d'avoüer, qu'ils tiennent tout d'une miserable Loy faite par des profanes laïques. Un savant Religieux (le Pere Courayer) a écrit depuis peu un livre pour prouver la validité & la succession des Ordinations Anglicanes. Cet ouvrage a été proscrit en France; mais croyez vous qu'il ait plû au Ministere d'Angleterre? Point du tout; les maudits Whigs se soucient très peu que la succession Episcopale ait été interrompuë chez eux ou non, & que l'Evêque Parker ait été consacré dans un Cabaret (comme on le veut) ou dans une Eglise; ils aiment mieux même que les Evêques tirent leur autorité du Parlement

ment pluftot que des Apôtres. Le Lord B——dit que cette idée de Droit divin ne ferviroit qu'à faire des tirans en camail & en rochet, mais que la loy fait des citoyens.

A L'EGARD des mœurs, le Clergé Anglican eft plus reglé que celui de France, & en voicy la caufe. Tous les Ecclefiaftiques font elevés dans l'Univerfité d'Oxford, ou dans celle de Cambridge loin de la corruption de la capitale. Ils ne font apellés aux dignités de l'Eglife que très tard, & dans un âge où les hommes n'ont d'autres paffions que l'avarice, lorfque leur ambition manque d'alimens. Les employs font icy la recompenfe des longs fervices dans l'Eglife auffi bien que dans l'armée, on n'y voit pas de jeunes gens Evêques ou Colonels au fortir du College; de plus les Prêtres font prefque tous mariés. La mauvaife grace contractée dans l'Univerfité, & le peu de commerce qu'on a icy avec les femmes font que d'ordinaire un Evêque eft forcé de fe contenter de la fienne. Les Prêtres vont quelque fois au cabaret, parce que

l'ufage

l'usage le leur permet; & s'ils s'enivrent, c'est serieusement & sans scandale.

CET être indefinissable, qui n'est ny Ecclesiastique ny Seculier; en un mot, ce que l'on appelle un Abbé, est une espece inconnuë en Angleterre : les Ecclesiastiques sont tous icy reservés & presque tous pedans. Quand ils aprennent qu'en France de jeunes gens connûs par leurs débauches, & élevés à la Prelature par des intrigues de femmes font publiquement l'amour, s'egayent à composer des chansons tendres, donnent tous les jours des soupers délicats & longs, & de là vont implorer les lumieres du St. Esprit, & se nomment hardiment les successeurs des Apôtres; ils remercient Dieu d'être Protestans, mais ce sont de vilains Heretiques à bruler à tous les Diables, comme dit Maître François Rabelais. C'est pourquoi je ne me mesle point de leurs affaires.

SIXIE'ME

SIXIE'ME LETTRE SUR LES PRESBYTERIENS.

LA Religion Anglicane ne s'étend qu'en Angleterre & en Irlande; le Presbyteranisme est la religion dominante en Ecosse. Ce Presbyteranisme n'est autre chose que le Calvinisme pur, tel qu'il avoit été établi en France, & qu'il subsiste à Geneve. Comme les Prêtres de cette secte ne reçoivent dans leurs Eglises que des gages très mediocres, & que par consequent ils ne peuvent vivre dans le même luxe que les Evêques, ils ont pris le parti naturel de crier contre des honneurs où ils ne peuvent attaindre. Figurez vous l'orgueilleux Diogene, qui fouloit aux pieds l'orgueil de Platon ; les Presbyteriens d'Ecoffe ne reffemblent pas mal à ce fier & gueux raifonneur ; ils traiterent Charles Second avec bien moins d'egards que Diogene n'avoit traité Alexandre, car lorfqu'ils prirent les armes pour lui contre Cromwell qui les avoit trompez, ils firent effuyer à ce pauvre Roy quatre fermons par jour, ils lui defendoient de jouer, ils le mettoient en penitence ; fi bien que Charles fe laffa bien-tôt d'être Roy de ces pedants & s'echapa de leurs mains comme un Ecolier fe fauve du College.

Devant un jeune & vif Bachelier François criaillant le matin dans les Ecôles de Theologie, le foir chantant avec les Dames, un Theologien Anglican eft un Caton ; mais ce Caton paroit un Galant devant un Presbyterien d'Ecoffe. Ce dernier affecte une demarche grave, un air faché, un vafte chapeau, un long manteau par deffus, un habit court, prêche du nez, & donne le nom de la Proftituée de Babilone à toutes les Eglifes où quelques Ecclefiaftiques font affez

heureux

heureux d'avoir cinquante mil livres de rente ; & où le peuple est assez bon pour le soufrir & pour les appeller Monsieur, Votre Grandeur, & Votre Eminence.

Ces Messieurs, qui ont aussi quelques Eglises en Angleterre, ont mis les airs graves & severes à la mode en ce pays. C'est à eux qu'on doit la sanctification du Dimanche dans les trois Royaumes. Il est defendu ce jour-là de travailler & de se divertir, ce qui est le double de la severité des Eglises Catholiques. Point d'Opera, point de Comedies, point de Concerts à Londres le dimanche ; les Cartes même y sont si expressément defenduës qu'il n'y que les personnes de qualité, & ce qu'on appelle les honnetes gens qui joüent ce jour-là, le reste de la nation va au sermon, au cabaret, & chez des filles de joye.

Quoique la secte Episcopale & la Presbyterienne soient les deux dominantes dans la Grande Bretagne, toutes les autres y sont bien venues & vivent assez bien ensemble, pendant que la plusparf de leurs Predicans se detestent reci-

reciproquement avec prèfqu'autant de cordialité qu'un Janfenifte damne un Jefuite.

ENTREZ dans la Bourfe de Londres, cette place plus refpectable que bien des Cours, dans laquelle s'affemblent les deputés de toutes les nations pour l'utilité des hommes. Là le Juif, le Mahometan, & le Chrétien, traitent l'un avec l'autre comme s'ils étoient de la même religion, & ne donnent le nom d'infideles qu'à ceux qui font banqueroute. Là le Presbyterien fe fie à l'Anabaptifte, & l'Anglican reçoit la promeffe du Quaker. Au fortir de ces pacifiques & libres affemblées, les uns vont à la Synagogue, les autres vont boire : celui-ci va fe faire baptifer dans une grande cuve au nom du Pere, par le Fils, au St. Efprit : celui-là fait couper le prepuce de fon fils, & fait marmotter fur l'enfant des paroles Hebraïques qu'il n'entend point : les autres vont dans leur Eglife attendre l'infpiration de Dieu, leur chapeau fur la tête, & tous font contens.

S'il

S'il n'y avoit en Angleterre qu'une Religion, le Despotisme seroit à craindre; s'il n'y en avoit que deux, elles se couperoient la gorge, mais il y en a trente, & elles vivent en paix & heureuses.

SEPTIE'ME

SEPTIE'ME LETTRE SUR LES SOCINIENS, OU ARIENS, OU ANTITRINITAIRES.

Il y a icy une petite Secte composée d'Ecclesiastiques & de quelques seculiers trés sçavans, qui ne prennent ny le nom d'Ariens, ny celui de Sociniens, mais qui ne sont point du tout de l'avis

de

SUR LES ANGLOIS.

de St. Athanase, sur le chapitre de la Trinité, & qui vous disent nettement que le Pere est plus grand que le Fils.

Vous souvenez vous d'un certain Evêque orthodoxe, qui pour convaincre un Empereur de la Consubstanciation, s'avisa de prendre le fils de l'Empereur sous le menton & de lui tirer le nez en presence de sa sacrée Majesté. L'Empereur alloit faire jetter l'Evêque par les fenestres, quand le bon homme lui dit ces belles & convaincantes paroles: Seigneur, si vôtre Majesté est si fachée que l'on manque de respect à son fils, comment pensez vous que Dieu le Pere traitera ceux qui refusent à Jesus Christ les titres qui lui sont deus? Les gens dont je vous parle disent que le St. Evêque étoit fort mal avisé, que son argument n'étoit rien moins que concluant & que l'Empereur devoit lui répondre, Aprenez qu'il y a deux façons de me manquer de respect, la premiere de ne rendre pas assez d'honneur à mon fils, & la seconde de lui en rendre autant qu'à moi.

Quoi

Quoi qu'il en soit, le party d'Arius commence à revivre en Angleterre aussi bien qu'en Hollande & en Pologne. Le grand M. Newton faisoit à cette opinion l'honneur de la favoriser. Ce Philosophe pensoit que les Unitaires raisonnoient plus geometriquement que nous. Mais le plus ferme patron de la doctrine Arienne, est l'illustre docteur Clarke. Cet homme est d'une vertu rigide, & d'un caractere doux, plus amateur de ses opinions que passionné pour faire des proselytes, uniquement occupé de calculs & de demonstrations, une vraye machine à raisonnemens.

C'est lui qui est l'autheur d'un livre assez peu entendu, & estimé sur l'existence de Dieu, & d'un autre plus intelligible, mais assez meprisé sur la verité de la Religion Chretienne.

Il ne s'est point engagé dans de belles disputes scholastiques, que notre ami appelle de venerables billevesées, il s'est contenté de faire imprimer un livre qui contient tous les temoignages des premiers siecles pour & contre les Unitaires,

taires, & a laissé au lecteur le soin de compter les voix & de juger. Ce livre du docteur lui a attiré beaucoup de partisans; mais l'a empeché d'être Archevêque de Cantorbery. Je crois que le docteur s'est trompé dans son calcul, & qu'il valoit mieux être Primat Orthodoxe d'Angleterre que Curé Arien.

Vous voyez quelles revolutions arivent dans les opinions comme dans les empires. Le party d'Arius après trois cents ans de triomphe, & douze siecles d'oubli, renait enfin de sa cendre; mais il prend trés mal son tems de reparoitre dans un age où tout le monde est rassafié de disputes & de sectes. Celle cy est encore trop petite pour obtenir la liberté des assemblées publiques, elle l'obtiendra sans doute si elle devient plus nombreuse, mais on est si tiede à present sur tout cela, qu'il n'y a plus guere de fortune à faire pour une Religion nouvelle ou renouvellée. N'est ce pas une chose plaisante que Luther, Calvin, Zuingle, tous écrivains qu'on ne peut lire, ayent fondé des sectes qui

partagent

partagent l'Europe, que l'ignorant Mahomet ait donné une religion à l'Asie & à l'Afrique ; & que Messieurs Newton, Clarke, Locke, le Clerc, &c. les plus grands Philosophes, & les meilleures plumes de leur temps, ayent pu à peine venir à bout d'établir un petit troupeau qui même diminue tous les jours.

Voila ce que c'est que de venir au monde à propos. Si le Cardinal de Retz reparoissoit aujourd'hui, il n'amuseroit pas dix femmes dans Paris.

Si Cromwell renaissoit ; lui, qui a fait couper la teste à son Roy, & s'est fait Souverain, seroit un simple Marchand de Londres.

HUITTIE'ME

HUITIÉME LETTRE SUR LE PARLEMENT.

LES membres du Parlement d'Angleterre aiment à se comparer aux anciens Romains autant qu'ils le peuvent.

Il n'y a pas longtems que Mr. Shipping dans la Chambre des Communes commença son discours par ces mots, *La majesté du peuple Anglois seroit blessée.* La singularité de l'expression causa un grand éclat de rire ; mais sans se déconcerter, il repeta les memes paroles d'un air ferme, & on ne rit plus. J'avouë que je ne vois rien de commun entre la majesté du peuple Anglois, & celle du peuple Romains, en-

core

core moins entre leurs gouvernemens. Il y a un Senat à Londres dont quelques membres font foupçonnez, quoi qu'à tort fans doute, de vendre leur voix dans l'occafion, comme on faifoit à Rome : voilà toute la reffemblance ; d'ailleurs les deux nations me paroiffent entierement differentes, foit en bien, foit en mal. On n'a jamais connu chez les Romains la folie horrible des guerres de Religion ; cette abomination étoit refervée à des devots prefcheurs d'humilité & de patience. Marius & Sylla, Pompée & Cefar, Antoine & Augufte, ne fe battoient point pour decider fi le Flamen devoit porter fa chemife par deffus fa robbe, ou la robbe par deffus fa chemife ; & fi les poulets facrés devoient manger & boire, ou bien manger feulement, pour qu'on prit les augures. Les Anglois fe font faits pendre autrefois reciproquement à leurs Affifes, & fe font detruits en bataille rangée pour des querelles de pareilles efpeces. La fecte des Epifcopaux, & le Presbyterianifme ont tourné, pour un tems,

ces

ces têtes ferieufes. Je m'imagine que pareille fotife ne leur arrivera plus, ils me paroiffent devenir fages à leurs depens, & je ne leur vois nulle envie de s'egorger dorefnavant pour des fyllogifmes.

Voicy une différence plus effentielle entre Rome & l'Angleterre, qui met tout l'avantage du côté de la derniere, c'eft que le fruit des guerres civiles à Rome a été l'efclavage, & celui des troubles d'Angleterre la liberté. La nation Angloife eft la feule de la terre, qui foit parvenue à regler le pouvoir des Roys en leur refiftant, & qui d'effort en efforts ait enfin établi ce gouvernement fage, où le Prince tout puiffant pour faire du bien, a les mains liées pour faire le mal, où les Seigneurs font grands fans infolence, & fans vaffaux, & où le peuple partage le gouvernement fans confufion.

La Chambre des Pairs & celle des Communes font les arbitres de la nation, le Roy eft le fur-arbitre; cette balance manquoit aux Romains, les grands &

le peuple étoient toujours en divifion à Rome, fans qu'il y eut un pouvoir mitoyen, qui pût les accorder : le Senat de Rome qui avoit l'injufte & puniffable orgueil de ne vouloir rien partager avec les Plebeiens, ne connoiffoit d'autre fecret pour les éloigner du gouvernement que de les occuper toujours dans les guerres étrangeres, ils regardoient le peuple comme une befte feroce qu'il falloit lacher fur leurs voifins de peur quelle ne devorât fes maitres. Ainfi le plus grand defaut du gouvernement des Romains en fit des conquerans; c'eft parce qu'ils étoient malheureux chez eux qu'ils devinrent les maitres du monde, jufqu'à ce qu'enfin leurs divifions les rendirent efclaves.

Le gouvernement d'Angleterre n'eft point fait pour un fi grand éclat, ny pour une fin fi funefte; fon but n'eft point la brillante folie de faire des conqueftes, mais d'empefcher que fes voifins n'en faffent. Ce peuple n'eft pas feulement jaloux de fa liberté; il l'eft encore de celle des autres. Les Anglois étoient acharnés contre Louis XIV uniquement parce qu'ils lui croyoient de l'ambition ; ils luy ont faits la guerre de gayeté de cœur, assurement sans aucun interest.

Il en a couté sans doute pour établir la liberté en Angleterre, c'est dans des mers de sang qu'on a noyé l'idole du pouvoir despotique; mais les Anglois ne croyent point avoir acheté trop cher de bonnes loix: les autres nations n'ont pas eu moins de troubles, n'ont pas versé moins de sang qu'eux, mais ce sang qu'elles ont répandu pour la cause de leur liberté n'a fait que cimenter leur servitude.

Ce qui devient une revolution en Angleterre, n'est qu'une sedition dans les autres pays. Une ville prend les armes pour defendre ses privileges, soit en Espagne, soit en Barbarie, soit en Turquie, aussi-tôt des soldats mercenaires la subjuguent, des bourreaux la punissent, & le reste de la nation baise ses chaisnes. Les François pensent que le gouvernement de cette isle est plus orageux que la mer qui l'environne, & cela eſt vrai, mais c'eſt quand le Roy commence la tempeſte, c'eſt quand il veut ſe rendre le maiſtre du vaiſſeau dont-il n'eſt que le premier pilote. Les guerres civiles de France ont été plus longues, plus cruelles, plus fecondes en crimes que celles d'Angleterre, mais de toutes ces guerres civiles aucune n'a en une liberté ſage pour objet.

DANS le tems deteſtable de Charles IX. & de Henry III. il s'agiſſoit ſeulement de ſavoir ſi on feroit l'eſclave des Guiſes; pour la derniere guerre de Paris elle ne merite que des ſiflets. Il me ſemble que je vois des Ecoliers qui ſe mutinent contre le Prefet d'un College, & qui finiſſent par être fouëtez. Le Cardinal de Retz avec beaucoup d'eſprit & de courage mal employez, rebelle ſans aucun ſujet, factieux ſans deſſein, chef de parti ſans armée, cabaloit pour cabaler, & ſembloit faire la guerre civile pour ſon plaiſir. Le Parlement ne ſçavoit ce qu'il vouloit, ny ce qu'il ne vouloit pas. Il levoit des
troupes

troupes par arreſt, il les caſſoit, il menaçoit, il demandoit pardon; il mettoit à prix la tête du Cardinal Mazarin, & enſuite venoit le complimenter en ceremonie. Nos guerres civiles ſous Charles VI. avoient été cruelles, celles de la Ligue furent abominables, celle de la Fronde fut ridicule.

Ce qu'on reproche le plus en France aux Anglois, c'eſt le ſupplice de Charles I. qui fut traité par ſes vainqueurs comme il les eut traités s'il eut été heureux. Après tout, regardez d'un coſté, Charles I. vaincu en bataille rangée, priſonnier, jugé, condamné dans Weſtminſter, & décapité; & de l'autre l'Empereur Henry VII. empoiſonné par ſon chapelain en communiant, Henry III. aſſaſſiné par un Moine, trente aſſaſſinats medités contre Henry IV. pluſieurs executez, & le dernier privant enfin la France de ce grand Roy: peſez ces attentats, & jugez.

NEUVIE'ME LETTRE SUR LE GOUVERNEMENT.

CE mélange dans le Gouvernement d'Angleterre, ce concert entre les Communes, les Lords, & le Roy, n'a pas toujours subsisté. L'Angleterre a été longtems esclave, elle l'a été des Romains, des Saxons, des Danois, des François. Guillaume le Conquerant la gouverna sur tout avec un sceptre de fer. Il disposoit des biens, de la vie, de ses nouveaux sujets comme un Monarque de l'orient; il defendit sous peine de mort qu'aucun Anglois osât avoir du feu, & de la lumiere, chez lui passé huit heures du soir; soit qu'il pretendit

dit par là prevenir leurs aſſemblées nocturnes, ſoit qu'il voulut eſſayer par une defenſe ſi bizarre juſqu'où peut aller le pouvoir des hommes ſur d'autres hommes. Il eſt vrai qu'avant & après Guillaume le Conquerant les Anglois ont eu des Parlemens, ils s'en vantent comme ſi ces aſſemblées, apellées alors Parlemens, compoſées de tyrans eccleſiaſtiques & de pillars només Barons avoient été les gardiens de la liberté & de la felicité publique.

Les Barbares qui des bords de la mer Baltique fondirent dans le reſte de l'Europe, aporterent avec eux l'uſage de ces Etats ou Parlemens, dont on fait tant de bruit & qu'on connoit ſi peu; les Roys alors n'étoient point deſpotiques, cela eſt vrai, mais les peuples n'en gemiſſoient que plus dans une ſervitude miſerable; les chefs de ces Sauvages qui avoient ravagé la France, l'Italie, l'Eſpagne, & l'Angleterre, ſe firent Monarques. Leurs capitaines partagerent entre eux les terres des vaincus, de là ces Margraves, ces Lairds, ces Barons,

Barons, ces fous-Tyrans, qui difputoient fouvent avec leur Roy les depouilles des peuples. C'étoient des oifeaux de proye combattans contre un aigle pour fuccer le fang des colombes, chaque peuple avoit cent tyrans au lieu d'un maiftre. Les Prêtres fe mirent bien-tot de la partie; de tout tems le fort des Gaulois, des Germains, des Infulaires d'Angleterre, avoit été d'être gouvernés par leurs Druïdes, & par les Chefs de leurs villages, ancienne efpece de Barons, mais moins tyrans que leurs fucceffeurs. Ces Druïdes fe difoient mediateurs entre la divinité & les hommes, ils faifoient des loix, ils excommunioient, ils condamnoient à la mort. Les Evêques fuccederent peu à peu à leur autorité temporelle dans le gouvernement Goth & Vandale. Les Papes fe mirent à leur tête, & avec des Brefs des Bulles, & des Moines ils firent trembler les Roys, les depoferent, les firent affaffiner & tirerent à eux tout l'argent qu'ils pûrent de l'Europe. L'imbecille Ina, l'un des tyrans de la Heptarchie d'Angleterre d'Angleterre, fut le premier qui dans un pelerinage à Rome, se soumit à payer le denier de St. Pierre (ce qui étoit environ un ecu de nôtre monoye) pour chaque maison de son territoire. Toute l'isle suivit bientot cet exemple, l'Angleterre devint petit à petit une province du Pape, le St. Pere y envoyoit de tems en tems ses Legats pour y lever des impots exorbitans, Jean sans terre fit enfin une cession en bonne forme de son Royaume à sa Sainteté qui l'avoit excommunié, & les Barons qui n'y trouverent pas leur compte chasserent ce miserable Roy, ils mirent à sa place Louis huit Pere de St. Louis Roy de France. Mais ils se degouterent bientot de ce nouveau venu & lui firent repasser la mer.

TANDIS que les Barons, les Evêques, les Papes dechiroient tous ainsi l'Angleterre, où tous vouloient commander; le peuple la plus nombreuse, la plus utile, la plus vertueuse même, & par consequent la plus respectable partie des hommes, composée de ceux qui étudient les loix & les sciences, des negocians, des artisans;

artisans, en un mot, de tout ce qui n'étoit point tyran, le peuple, dis-je, étoit regardé par eux comme des animaux au dessous de l'homme. Il s'en falloit bien que les Communes eussent alors part au gouvernement, c'étoient des Vilains, leur travail, leur sang apartenoient à leurs maîtres qui s'apelloient Nobles. Le plus grand nombre des hommes étoit en Europe ce qu'ils sont encore en plusieurs endroits du monde, serfs d'un Seigneur, espece de bêtail qu'on vend & qu'on achepte avec la terre. Il a falu des siecles, pour rendre justice à l'humanité, pour sentir qu'il étoit horrible que le grand nombre semât & que le petit recueillit; & n'est ce pas un bonheur pour les François que l'autorité de ces petits brigands ait été éteinte en France par la puissance legitime des Roys & du peuple?

Heureusement dans les secousses que les querelles des Roys & des grands donnoient aux empires, les fers des nations se sont plus ou moins relâchés, la liberté est née en Angleterre des querelles

des

des tyrans. Les Barons forcerent Jean fans terre & Henry III. à accorder cette fameuſe Charte dont le principal but étoit à la verité de mettre les Roys dans la dependance des Lords, mais dans laquelle le reſte de la nation fut un peu favoriſé, afin que dans l'occaſion elle ſe rângeat du party de ſes pretendus protecteurs. Cette grande Charte, qui eſt regardée comme l'origine ſacrée des Libertés Angloiſes, fait bien voir elle-même combien peu la liberté étoit connuë; le titre ſeul prouve que le Roy ſe croyoit abſolu de droit, & que les Barons & le Clergé même ne le forçoient à ſe relâcher de ce droit pretendu que parce qu'ils étoient les plus forts.

Voici comme commence la grande Charte, " Nous accordons de nôtre libre " volonté les privileges ſuivans aux Ar" chevêques, Evêques, Abbés, Prieurs & " Barons de nôtre Royaume, &c.

Dans les articles de cette Charte il n'eſt pas dit un mot de la Chambre des Communes, preuve qu'elle n'exiſtoit pas encore, ou quelle exiſtoit ſans pouvoir:

on

on y specifie les hommes libres d'Angleterre, triste demonstration qu'il y en avoit qui ne l'étoient pas; on voit par l'article XXXII que les hommes pretendûs libres devoient des services, à leur Seigneur. Une telle liberté tenoit encore beaucoup de l'esclavage.

Par l'article XXI. le Roy ordonne que ses officiers ne pouront doresnavant prendre de force les chevaux & les charettes des hommes libres qu'en payant. Ce reglement parût au peuple une vraie liberté parce qu'il ôtoit une plus grande tyrannie. Henry VII. usurpateur heureux & grand politique, qui faisoit semblant d'aimer les Barons, mais qui les haïssoit & les craignoit s'avisa de procurer l'alienation de leurs terres. Par là les Vilains qui dans la suite aquirent du bien par leurs travaux acheterent les Chateaux des illustres Pairs qui s'étoient ruinés par leur folie, peu-à-peu toutes les terres changerent de maître.

La Chambre des Communes devint de jour en jour plus puissante. Les familles des anciens Pairs s'éteignirent avec
le

le tems, & comme il n'y a proprement que les Pairs qui foient Nobles en Angleterre, dans la rigueur de la loy il n'y auroit plus du tout de Nobleffe en ce pays là, fi les Roys n'avoient pas creé de nouveaux Barons de tems en tems, & confervé le corps des Pairs qu'ils avoient tant craints autrefois, pour l'oppofer à celui des Communes devenu trop redoutable.

Tous ces nouveaux Pairs qui compofent la Chambre haute, reçoivent du Roy leur titre & rien de plus, prefqu'aucun d'eux n'a la terre dont il porte le nom. L'un eft Duc de Dorfet, & n'a pas un poulce de terre en Dorfetfhire; l'autre eft Comte d'un Village, qui fçait à peine où ce Village eft fitué. Ils ont du pouvoir dans le Parlement non ailleurs.

Vous n'entendez point icy parler de haute moyenne & baffe Juftice, ny du droit de chaffer fur les terres d'un citoyen, lequel n'a pas la liberté de tirer un coup de fufil fur fon propre champ.

Un homme, parce qu'il eſt Noble ou Prêtre, n'eſt point icy exempt de payer certaines taxes; tous les impots ſont reglés par la Chambre des Communes, qui n'étant que la ſeconde par ſon rang eſt la premiere par ſon credit.

Les Seigneurs & les Evêques peuvent bien rejetter le Bill, des Communes, lorſqu'il s'agit de lever de l'argent, mais il ne leur eſt pas permis d'y rien changer; il faut ou qu'ils le reçoivent ou qu'ils le rejettent ſans reſtriction. Quand le Bill eſt confirmé par les Lords & approuvé par le Roy, alors tout le monde paye, chacun donne non ſelon ſa qualité (ce qui feroit abſurde) mais ſelon ſon revenu. Il ny a point de taille, ny de capitation arbitraire, mais une taxe réelle ſur les terres, elles ont toutes été evaluées ſous le fameux Roy Guillaume trois.

La taxe ſubſiſte toujours la même, quoi que les revenus des terres ayent augmenté; ainſi perſonne n'eſt foulé & perſonne ne ſe plaint, le payſan n'a point les pieds meurtris par des ſabots,

il

il mange du pain blanc, il eſt bien vêtu, il ne craint point d'augmenter le nombre de ſes beſtiaux, ny de couvrir ſon toit de tuilles, de peur que l'on ne hauſſe ſes impots l'année d'après. Il y a icy beaucoup de Payſans qui ont environ cinq ou ſix cens livres Sterling de revenu, & qui ne dedaignent pas de continuer à cultiver la terre qui les a enrichis & dans laquelle ils vivent libres.

DIXIE'ME LETTRE SUR LE COMMERCE.

LE Commerce, qui a enrichi les Citoyens en Angleterre, a contribué à les rendre libres, & cette liberté a étendu le commerce à son tour ; de là s'est formée la grandeur de l'Etat. C'est le commerce qui a établi peu-à-peu les forces navales, par qui les Anglois sont les maîtres des mers ; ils ont à present prés de deux cent vaisseaux de guerre. La posterité apprendra peut-être avec surprise, qu'une petite isle, qui n'a de soy-même qu'un peu de plomb, de l'étain, de la terre à foulon, & de la laine grossiere, est devenue par
son

son commerce assez puissante pour envoyer en 1723, trois flottes à la fois en trois extremités du monde; l'une devant Gibraltar, conquise & conservée par ses armes; l'autre à Portobello pour ôter au Roy d'Espagne la jouïssance des tresors des Indes; & la troisiéme dans la Mer Baltique pour empêcher les puissances du Nord de se battre.

Quand Louis XIV. faisoit trembler l'Italie, & que ses armées déja maitresses de la Savoye & du Piedmont, étoient prestes de prendre Turin; il fallut que le Prince Eugene marchât du fond de l'Allemagne au secours du Duc de Savoye. Il n'avoit point d'argent, sans quoi on ne prend ny ne defend les villes; il eut recours à des marchands Anglois. En une demie heure de tems on lui presta cinq millions, avec cela il delivra Turin, battit les François & écrivit à ceux qui avoient presté cette somme ce petit billet; " Messieurs, j'ai " reçû vôtre argent, & je me flatte de " l'avoir employé à votre satisfaction." Tout cela donne un juste orgueil à un marchand Anglois, & fait qu'il ose se comparer, non sans quelques raisons à un citoyen Romain; aussi le cadet d'un Pair du Royaume ne dedaigne point le negoce. Milord Townshend Ministre d'Etat, a un frère qui se contente d'être marchand dans la Cité; dans le tems que Milord Oxford gouvernoit l'Angleterre, son cadet étoit facteur à Alep, d'où il ne voulût pas revenir & où il est mort. Cette coutume, qui pourtant commence trop à se passer, paroit monstrueuse à des Allemands entestés de leur quartier: ils ne sçauroient concevoir que le fils d'un Pair d'Angleterre, ne soit qu'un riche & puissant Bourgeois, au lieu qu'en Allemagne tout est Prince. On a veu jusqu'à trente Altesses du même nom, n'ayant pour tout bien que des armoiries & de l'orgueil.

En France est Marquis qui veut, & quiconque arrive à Paris du fond d'une province avec de l'argent à depenser, & un nom en *ac* ou en *ille*, peut dire *un homme comme moi, un homme de ma qualité*, mépriser souverainement

ment un negociant; le negociant entend lui même parler si souvent avec dedain de sa profession qu'il est assez sot pour en rougir. Je ne sçais pourtant lequel est le plus util à un Etat, ou un Seigneur bien poudré, qui sçait précisement à quelle heure le Roy se leve, à quelle heure il se couche, & qui se donne des airs de grandeur en jouant le rôlle d'esclave dans l'Antichambre d'un Ministre; ou un Negociant qui enrichit son pays, donne de son cabinet des ordres à Suratte & au Caire, & contribue au bonheur du monde.

ONZIE'ME

ONZIÈME LETTRE SUR L'INSERTION DE LA *Petite Verole.*

ON dit doucement dans l'Europe Chrétienne, que les Anglois font des fous, & des enragés; des fous, parce qu'ils donnent la petite Verole à leurs enfans pour les empêcher de l'avoir; des enragés, parce qu'ils communiquent de gayeté de cœur à ces enfans une maladie certaine & affreuse dans la veüe de prevenir un mal incertain. Les Anglois de leur costé disent, les autres

Euro-

Européans font des lâches & des defnaturés; ils font lâches, en ce qu'ils craignent de faire un peu de mal à leurs enfans; defnaturés, en ce qu'ils les exposent à mourir un jour de la petite Verole. Pour juger laquelle des deux nations a raifon, voici l'hiftoire de cette fameufe Infertion dont on parle en France avec tant d'effroy.

Les femmes de Circaffie font, de tems immemorial, dans l'ufage de donner la petite Verole à leurs enfans, même à l'age de fix mois, en leur faifant une incifion au bras, & en inferant dans cette incifion une puftule qu'elles ont foigneufement enlevée du corps d'un autre enfant. Cette puftule fait dans le bras où elle eft infinuée l'effet du levain dans un morceau de pafte; elle y fermente & répand dans la maffe du fang les qualités dont elle eft empreinte. Les boutons de l'enfant, à qui l'on a donné cette petite Verole artificielle, fervent à porter la même maladie à d'autres. C'eft une circulation prefque continuelle en Circaffie, & quand malheureufeheureusement il n'y a point de petite Verole dans le pays, on est aussi embarassé, qu'on l'est ailleurs dans une mauvaise année.

Ce qui a introduit en Circassie cette coutume, qui paroit si etrange à d'autres peuples, est pourtant une cause commune à tous les peuples de la terre; c'est la tendresse maternelle & l'interest.

Les Circassiens sont pauvres, & leurs filles sont belles, aussi ce sont elles dont ils font le plus de trafic. Ils fournissent de beautés les Harems du Grand Seigneur, du Sophy de Perse, & de ceux qui sont assez riches pour acheter & pour entretenir cette marchandise precieuse. Ils élevent ces filles en tout bien & en tout honneur à caresser les hommes, à former des dances pleines de civilité & de molesse, à rallumer par tous les artifices les plus voluptueux le gout des maîtres desdaigneux à qui elles sont destinées. Ces pauvres creatures repetent tous les jours leur leçon avec leur mere, comme nos petites filles re-

petent

petent leur catechifme fans y rien comprendre.

Or il arrivoit fouvent qu'un pere & une mere, après avoir bien pris des peines pour donner une bonne education à leurs enfans, fe voyoient tout d'un coup fruftrés de leur efperance. La petite Verole fe mettoit dans la famille, une fille en mouroit, une autre perdoit un œil, une troifiéme relevoit avec un gros né, & les pauvres gens étoient ruinés fans refource. Souvent même quand la petite Verole devenoit epidemique, le commerce étoit interrompu pour plufieurs années, ce qui caufoit une notable diminution dans les Serails de Perfe & de Turquie.

Une nation commerçante eft toujours fort alerte fur fes interefts, & ne neglige rien des connoiffances qui peuvent être utiles à fon negoce; les Circaffiens s'aperçurent que fur mille perfonnes il s'en trouvoit à peine une feule qui fût attaquée deux fois d'une petite Verole bien complette, qu'à la verité on effuye quelquefois trois ou quatre petites

tites Veroles legeres, mais jamais deux qui soient decidées & dangereuses; qu'en un mot, jamais on n'a veritablement cette maladie deux fois en sa vie; ils remarquerent encore que quand les petites Veroles sont tres benignes, & que leur eruption ne trouve à percer qu'une peau delicate & fine, elles ne laissent aucune impression sur le visage; de ces observations naturelles ils conclurent que si un enfant de six mois, ou d'un an, avoit une petite Verole benigne, il n'en mourroit pas, il n'en seroit pas marqué, & seroit quitte de cette maladie pour le reste de ses jours.

Il restoit donc pour conserver la vie & la beauté de leurs enfans, de leur donner la petite Verole de bonne heure; c'est ce que l'on fit en inserant dans le corps d'un enfant un bouton que l'on prit de la petite Verole la plus complette, & en même tems la plus favorable qu'on pût trouver.

L'experience ne pouvoit pas manquer de reussir. Les Turcs qui sont gens sensés adopterent bientôt après cette
coûtume

coûtume, & aujourd'hui il ny a point de Bacha dans Conſtantinople qui ne donne la petite Verole à ſon fils & à ſa fille en les faiſant ſevrer.

Il y a quelques gens qui pretendent que les Circaſſiens prirent autrefois cette coutume des Arabes; mais nous laiſſons ce point d'hiſtoire à éclaircir par quelque ſavant Benedictin qui ne manquera pas de compoſer là-deſſus pluſieurs volumes in folio avec les preuves. Tout ce que j'ai à dire ſur cette matiere, c'eſt que dans le commencement du regne de George I. Madame de Wortley Montaigu, une des femmes d'Angleterre qui a le plus d'eſprit, & le plus de force dans l'eſ-prit, étant avec ſon mary en Ambaſſade à Conſtantinople, s'aviſa de donner ſans ſcrupule la petite Verole à un enfant dont elle étoit accouchée en ce pays. Son Chapelain eût beau lui dire que cette experience n'étoit pas Chrêtienne, & ne pouvoit reüſſir que chez des In-fideles. Le fils de Madame de Wortley s'en trouva à merveille. Cette dame de

retour

retour à Londres fit part de fon experience à la Princeffe de Galles qui eft aujourd'hui Reine. Il faut avoüer que, Titres & Couronnes à part, cette Princeffe eft née pour encourager tous les arts, & pour faire du bien aux hommes, c'eft un philofophe aimable fur le trofne; elle n'a jamais perdu ny une occafion de s'inftruire, ny une occafion d'exercer fa generofité. C'eft elle qui ayant entendre dire qu'une fille de Milton vivoit encore, & vivoit dans la mifere, lui envoya fur le champ un prefent confiderable; c'eft elle qui protege le Savant Pere Courayer; c'eft elle qui daigna être la mediatrice entre le Docteur Clark & Mr. Leibnitz. Dés quelle eût entendu parler de l'Inoculation ou infertion de la petite Verole, elle en fit faire l'epreuve fur quatre Criminels condamnés à mort, à qui elle fauva doublement la vie; car non feulement elle les tira de la potence, mais à la faveur de cette petite Verole artificielle, elle prevint la naturelle qu'ils auroient probablement

eüe,

eüe, & dont ils feroient morts dans un age plus avancé.

La Princesse assurée de l'utilité de cette épreuve, fit inoculer ses enfans. L'Angleterre suivit son exemple, & depuis ce tems dix mil enfans de famille, au moins, doivent ainsi la vie à la Reine & à Madame Wortley Montaigu; & autant de filles leur doivent leur beauté.

Sur cent personnes dans le monde soixante au moins ont la petite Verole; de ces soixante vingt en meurent dans les années les plus favorables, & vingt en conservent pour toujours de facheux restes. Voilà donc la cinquiéme partie des hommes que cette maladie tue ou enlaidit surement. De tous ceux qui sont inoculés en Turquie ou en Angleterre, aucun ne meurt s'il n'est infirme & condamné à mort; d'ailleurs personne n'est marqué, aucun n'a la petite Verole une seconde fois, supposé que l'Inoculation ait été parfaite. Il est donc certain que si quelqu'Ambassadrice Françoise avoit rapporté ce secret de Constantinople à Paris, elle auroit rendu un fervice eternel à la nation. Le Duc de Villequier, Pere du Duc d'Aumont d'aujourdhui, l'homme de France le mieux conftitué & le plus fain, ne feroit pas mort à la fleur de fon âge: le Prince de Soubife, qui avoit la fanté la plus brillante, n'auroit pas été emporté à l'age de vingt cinq ans: Monfeigneur Grand Pere de Louis XV. n'auroit pas été enterré dans fa cinquantiéme année. Vingt mil perfonnes morts à Paris de la petite Verole en 1723, vivroient encore. Quoi donc? Eft ce que les François n'aiment point la vie? Eft ce que leurs femmes ne fe foucient point de leur beauté? En verité nous fommes d'étranges gens, peut-être dans dix ans prendra-t-on cette methode Angloife, fi les Curés & les Medecins le permettent; ou bien les François dans trois mois fe ferviront de l'Inoculation par fantaifie, fi les Anglois s'en dégoutent par inconftance.

J'APRENDS que depuis cent ans les Chinois font dans cet ufage; c'eft un grand prejugé que l'exemple d'une nation

tion qui paſſe pour être la plus ſage &
la mieux policée de l'univers. Il eſt
vrai que les Chinois s'y prennent d'une
façon differente, ils ne font point d'in-
ciſion ; ils font prendre la petite Verole
par le nez comme du tabac en poudre,
cette façon eſt plus agréable ; mais elle
revient au même, & ſert également à
confirmer que ſi on avoit pratiqué l'inoculation en France, on auroit ſauvé la
vie à des milliers d'hommes.

DOUZIE'ME

DOUZIE'ME LETTRE

SUR LE

Chancelier Bacon.

IL n'y a pas longtems que l'on agitoit dans une compagnie celebre, cette queſtion uſée & frivole, Quel étoit le plus grand homme qu'il y ait eu ſur la terre, ſi c'étoit Ceſar, Alexandre, Tamerlan, Cromwell, &c.

Quelqu'un répondit que c'étoit ſans contredit Iſaac Newton. Cet homme avoit raiſon; car ſi la vraye Grandeur conſiſte à avoir reçu du ciel un puiſſant genie, & à s'en être ſervi pour s'éclairer ſoi-même & les autres; un homme comme M. Newton, tel qu'il s'en trouve à peine en dix ſiecles, eſt veritablement
le

le grand homme ; & ces Politiques & ces Conquerans dont aucun siecle n'a manqué, ne sont d'ordinaire que d'illustres meschans. C'est à celui qui domine sur les esprits par la force de la verité, non à ceux qui font des esclaves par violence, c'est à celui qui connoît l'univers, non à ceux qui le defigurent, que nous devons nos respects.

Puis donc que vous exigez que je vous parle des hommes celebres qu'a porté l'Angleterre, je commencerai par les Bacons, les Lockes, & les Newtons, &c. Les generaux & les ministres viendront à leur tour.

Il faut commencer par le fameux Comte de Verulam, connu en Europe sous le nom de *Bacon*, qui étoit son nom de famille. Il étoit fils d'un Gardé des Sceaux, & fut longtems Chancelier sous le Roy Jacques I. Cependant au milieu des intrigues de la Cour, & des occupations de sa Charge, qui demandoient un homme tout entier, il trouva le temps d'être grand Philosophe, bon Historien, & Ecrivain elegant ; & ce qui est

encor

encore plus étonnant, c'eſt qu'il vivoit dans un ſiecle où l'on ne connoiſſoit guerre l'art de bien écrire, encore moins la bonne Philoſophie. Il a été, comme c'eſt l'uſage parmi les hommes, plus eſtimé aprés ſa mort que de ſon vivant. Ses enemis étoient à la Cour de Londres, ſes admirateurs étoient les étrangers.

Lorsque le Marquis d'Effiat amena en Angleterre la Princeſſe Marie, fille d'Henry le Grand, qui devoit épouſer le Roy Charles, ce Miniſtre alla viſiter Bacon, qui alors étant malade au lit le reçut les rideaux fermés. Vous reſſemblés aux Anges, lui dit d'Effiat ; on entend toujours parler d'eux, on les croit bien ſuperieurs aux hommes, & on n'a jamais la conſolation de les voir.

Vous ſçavez comment Bacon fut accuſé d'un crime qui n'eſt guere d'un Philoſophe, de s'être laiſſé corrompre par argent. Vous ſçavez comment il fut condamné par la Chambre des Pairs à une amende d'environ quatre cens mil livres de nôtre monnoye, à perdre ſa dignité

nité de Chancelier & de Pair. Aujourdhui les Anglois reverent sa memoire, au point qu'à peine avouent ils qu'il ait été coupable. Si vous me demandez ce que j'en pense, je me serviray pour vous répondre d'un mot que j'ai oüi dire à Milord Bolingbroke: On parloit en sa presence de l'avarice dont le Duc de Marlborough avoit été accusé, & on en citoit des traits, sur lesquels on appelloit au temoignage de Milord Bolingbroke, qui ayant été d'un parti contraire pouvoit peut-être avec bienseance dire ce qui en étoit : C'étoit un si grand homme, répondit-il, que j'ai oublié ses vices.

Je me borneray donc à vous parler de ce qui a merité au Chancelier Bacon l'estime de l'Europe.

Le plus singulier, & le meilleur de ses ouvrages, est celui qui est aujourd'hui le moins lu, & le plus util; je veux parler de son *Novum Scientiarum Organum*. C'est l'echaffaut avec lequel on a bati la nouvelle Philosophie, & quand cet edifice a été elevé, au moins en partie, l'echaffaut n'a plus été d'aucun ufage.

Le Chancelier Bacon ne connoiſſoit pas encore la nature, mais il ſçavoit & indiquoit tous les chemins qui menent à elle. Il avoit mepriſé de bonne heure ce que les Univerſités appelloient la Philoſophie, & il faiſoit tout ce qui dépendoit de lui, afin que ces compagnies inſtituées pour la perfection de la raiſon humaine, ne continuâſſent pas de la gâter par leurs quiddités, leurs horreurs du vuide, leurs formes ſubſtancielles, & tous ces mots impertinens, que non ſeulement l'ignorance rendoit reſpectables, mais qu'un mélange ridicule avec la religion avoit rendu ſacrés.

Il eſt le Pere de la Philoſophie experimentale. Il eſt bien vrai qu'avant lui on avoit découvert des ſecrets étonnans; on avoit inventé la Bouſſole, l'Imprimerie, la gravure des Eſtampes, la Peinture à l'Huille, les Glaces, l'art de rendre en quelque façon la vûë aux Vieillards par les Lunettes qu'on appelle Beſicles, la poudre à Canon, &c. On a-
voit

voit cherché, trouvé, & conquis un nouveau Monde. Qui ne croiroit que ces sublimes découvertes eussent été faites par les plus grands Philosophes, & dans des tems bien plus éclairés que le notre? Point du tout, c'est dans le tems de la plus stupide barbarie que ces grands changemens ont été faits sur la terre. Le hazard seul a produit presque toutes ces inventions, & il y a même bien de l'apparence que ce qu'on appelle Hazard a eu grande part dans la découverte de l'Amerique; du moins a-t-on toujours crû que Christophle Colomb n'entreprit son voyage que sur la foy d'un Capitaine de vaisseau, qu'une tempete avoit jetté jusqu'à la hauteur des Isles Caraïbes. Quoi qu'il en soit, les hommes sçavoient aller au bout du monde. Ils sçavoient détruire des villes avec un tonnerre artificiel plus terrible que le tonnerre veritable; mais ils ne connoissoient pas la Circulation du Sang, la pesanteur de l'Air, les Loix du Mouvement, la Lumiere, le nombre de nos Planetes, &c. Et un homme qui sou-

tenoit

tenoit une Thefe fur les Categories d'A-riftote, fur l'Univerfel *à parte rei*, ou telle autre fotife, étoit regardé comme un prodige.

Les inventions les plus étonnantes & les plus utiles ne font pas celles qui font le plus d'honneur à l'Efprit humain. C'eft à un inftinct mécanique, qui eft chez la plufpart des hommes, que nous devons la plufpart des Arts, & nullement à la faine Philofophie.

La découverte du Feu, l'art de faire du Pain, de fondre & de préparer les Metaux, de bâtir des Maifons, l'invention de la Navette, font d'une toute autre neceffité que l'Imprimerie & la Bouffole. Cependant ces arts furent inventés par des hommes encore fauvages.

Quel prodigieux ufage les Grecs & les Romains ne firent ils pas depuis des Mecaniques! Cependant on croyoit de leur tems qu'il y avoit des Cieux de Criftal, & que les Etoilles étoient de petites Lampes qui tomboient quelques fois dans la mer; & un de leurs plus grands Philofophes après bien des recherches

avoit

avoit trouvé que les Astres étoient des cailloux qui s'étoient detachés de la terre.

En un mot, personne avant le Chancelier Bacon n'avoit connu la Philosophie experimentale, & de toutes les épreuves physiques qu'on a faites depuis lui, il n'y en a presque pas une qui ne soit indiquée dans son livre. Il en avoit fait lui-même plusieurs. Il fit des especes de machines Pneumatiques par lesquelles il devina l'Elasticité de l'Air. Il a tourné tout autour de la découverte de sa pesanteur. Il y touchoit ; cette verité fut saisie par Torricelli. Peu de tems après, la Physique experimentale commença tout d'un coup à être cultivée à la fois dans presque toutes les parties de l'Europe. C'étoit un tresor caché dont Bacon s'étoit douté, & que tous les Philosophes encouragés par sa promesse s'efforcerent de déterrer.

Mais ce qui m'a le plus surpris, ç'a été de voir dans son livre, en termes exprés, cette Attraction nouvelle dont M. Newton passe pour l'inventeur.

Il faut chercher, dit Bacon, s'il n'y auroit point une espece de force Magnetique qui opere entre la Terre & les choses pesantes, entre la Lune & l'Ocean, entre les Planetes, &c. En un autre endroit il dit, il faut ou que les corps graves soient poussés vers le centre de la Terre, ou qu'ils en soient mutuellement attirés; & en ce dernier cas, il est evident que plus les corps en tombant s'approcheront de la Terre, plus fortement ils s'attireront. Il faut, poursuit-il, experimenter si la même horloge à poids ira plus vite sur le haut d'une Montagne, ou au fond d'une Mine. Si la force des poids diminuë sur la Montagne & augmente dans la Mine, il y a apparence que la Terre a une vraie attraction.

Ce precurseur de la Philosophie a été aussi un Ecrivain elegant, un Historien, un bel Esprit.

Ses Essays de Morale sont tres estimés, mais ils sont faits pour instruire, plutost que pour plaire: & n'étant ny la Satire de la nature humaine, comme les Maximes de M. de la Rochefoucault, ny l'école l'école du Scepticifme, comme Montagne, ils font moins lus que ces deux livres ingenieux.

Sa Vie de Henry VII. a paffé pour un Chef-d'Oeuvre; mais comment fe peut-il faire que quelques perfonnes ofent comparer un fi petit ouvrage avec l'Hiftoire de notre illuftre M. de Thou?

En parlant de ce fameux Impofteur Perkin, fils d'un Juif converti, qui prit fi hardiment le nom de Richard IV Roy d'Angleterre, encouragé par la Duchefſe de Bourgogne, & qui difputa la Couronne à Henry VII. voici comme le Chancelier Bacon s'exprime: Environ ce tems le Roy Henry fut obfedé d'efprit malin par la magie de la Duchefſe de Bourgogne, qui evoqua des enfers l'ombre d'Edouard IV. pour venir tourmenter le Roy Henry.

Quand la Duchefſe de Bourgogne eut inftruit Perkin, elle commença à deliberer par quelle region du ciel elle feroit paroitre cette Comete, & elle refolu qu'elle éclateroit d'abord fur l'horizon de l'Irlande.

Il

Il me semble que notre sage de Thou ne donne guere dans ce Phœbus, qu'on prenoit autrefois pour du Sublime, mais qu'à present on nomme avec raison Galimatias.

TREISIÈME LETTRE SUR Mr. LOCKE.

JAMAIS il ne fut peut-être un esprit plus sage, plus methodique, un Logicien plus exact que Mr. Locke; cependant il n'étoit pas grand Mathematicien. Il n'avoit jamais pu se soumettre à la fatigue des calculs, ny à la secheresse des verités Mathematiques, qui ne presente d'abord rien de sensible à l'esprit; & personne n'a mieux prouvé que lui, qu'on pouvoit avoir l'esprit Geometre sans le secours de la Geometrie. Avant lui de grands Philosophes avoient decidé positivement, ce que c'est que l'Ame de l'homme, mais puis qu'ils
n'en

n'en sçavoient rien du tout, il est bien juste qu'ils ayent tous été d'avis differents.

DANS la Grece, berceau des arts & des erreurs, & où on poussa si loin la grandeur & la sottise de l'esprit humain, on raisonnoit comme chez nous sur l'Ame.

LE divin Anaxagoras, à qui on dressa un autel pour avoir apris aux hommes que le Soleil étoit plus grand que le Peloponnese, que la neige étoit noire, & que les Cieux étoient de pierre, affirma que l'Ame étoit un Esprit aërien, mais cependant immortel. Diogene, un autre que celui qui devint Cinique après avoir été faux monnoyeur, assuroit que l'ame étoit une portion de la substance même de Dieu ; & cette idée au moins étoit brillante. Epicure la composoit de parties comme le corps.

ARISTOTE, qu'on a expliqué de mille façons, parce qu'il étoit inintelligible, croyoit, si l'on s'en rapporte à quelques uns de ses disciples, que l'entendement

tendement de tous les hommes étoit une feule & même fubftance.

LE divin Platon, maître du divin Ariftote, & le divin Socrate, maître du divin Platon, difoient l'ame corporelle & eternelle. Le Demon de Socrate lui avoit apris fans doute ce qui en étoit. Il y a des gens à la verité qui pretendent qu'un homme qui fe vantoit d'avoir un Genie familier, étoit indubitablement un fou, ou un fripon, mais ces gens là font trop difficiles.

QUANT à nos Peres de l'Eglife, plufieurs dans les premiers fiecles, ont crû l'Ame humaine, les Anges & Dieu corporels. Le monde fe raffine toujours. St. Bernard, felon l'avis du Pere Mabillon enfeigna à propos de l'ame, qu'après la mort elle ne voyoit pas Dieu dans le Ciel, mais qu'elle converfoit feulement avec l'humanité de Jefus Chrift. On ne le crût pas cette fois fur fa parole, l'avanture de la croifade avoit un peu decredité fes oracles. Mille Scholaftiques font venus enfuite, comme

le

le Docteur irrefragable*, le Docteur subtil †, le Docteur angelique ‡, le Docteur feraphique ‖, le Docteur cherubique; qui tous ont été bien fûrs de connoitre l'ame tres clairement, mais qui n'ont pas laiffé d'en parler comme s'ils avoient voulu que perfonne n'y entendit rien. Nôtre Defcartes né non pour découvrir les erreurs de l'Antiquité, mais pour y fubftituer les fiennes, & entrainé par cet Efprit fyftematique qui aveugle les plus grands hommes, s'imagina avoir démontré que l'ame étoit la même chofe que la penfée, comme la matiere felon lui eft la même chofe que l'étenduë. Il affura bien que l'on penfe toujours, & que l'ame arrive dans le corps pourvue de toutes les notions Metaphyfiques, connoiffant Dieu, l'efpace infini, ayant toutes les idées abftraites, remplie enfin de belles connoiffances qu'elle oublie malheureufement en fortant du ventre de la mere.

---

* Hales. † Scot. ‡ St. Thomas.
‖ St. Bonaventure.

Mr.

Mr. Mallebranche de l'Oratoire dans ses illusions sublimes non seulement admit les idées innées, mais il ne doutoit pas que nous ne vissions tout en Dieu, & que Dieu pour ainsi dire ne fut nôtre ame.

Tant de raisonneurs ayant fait le Roman de l'Ame, un Sage est venu qui en a fait modestement l'histoire. Mr. Locke a dévelopé à l'homme la raison humaine, comme un excellent Anatomiste explique les ressorts du corps humain, il s'aide par tout du flambeau de la Physique, il ose quelquefois parler affirmativement, mais il ose aussi douter: Au lieu de finir tout d'un coup ce que nous ne connoissons pas, il examine par degrez ce que nous voulons connoitre, il prend un enfant au moment de sa naissance, il suit pas à pas les progrés de son entendement, il voit ce qu'il a de commun avec les bestes, & ce qu'il a au dessus d'elles. Il consulte sur tout son propre temoignage, la conscience de sa pensée.

Je laisse, dit-il, à discuter à ceux qui en sçavent plus que moi, si nôtre Ame existe avant ou après l'organization de nôtre corps, mais j'avoüe quil m'est tombé en partage une de ces ames grossieres qui ne pensent pas toujours; & j'ai même le malheur de ne pas concevoir qu'il soit plus necessaire à l'ame de penser toujours, qu'au corps d'être toujours en mouvement.

Pour moi, je me vante de l'honneur d'être en ce point aussi stupide que Mr. Locke. Personne ne me fera jamais croire que je pense toujours, & je ne me sens pas plus disposé que lui à imaginer que quelques semaines après ma conception j'étois une fort sçavante ame, sçachant alors mille choses que j'ai oublié en naissant, & ayant fort inutilement possedé dans l'uterus des connoissances qui m'ont échapé dés que j'ai pu en avoir besoin, & que je n'ai jamais bien pu raprendre depuis.

Mr. Locke, après avoir ruiné les idées innées, après avoir bien renoncé à la vanité de croire qu'on pense toujours,

ayant

ayant bien établi que toutes nos idées nous viennent par les sens, ayant examiné nos idées simples, celles qui sont composées, ayant suivi l'Esprit de l'homme dans toutes ses operations, ayant fait voir combien les Langues que les hommes parlent sont imparfaites, & quel abus nous faisons des termes à tous moments; il vient enfin à considerer l'étenduë ou pluftôt le neant des connoissances humaines. Ce fut dans ce chapitre qu'il osa avancer modestement ces paroles, " Nous ne serons " peut-être jamais capables de connoi- " tre si un etre purement materiel, pen- " se ou non." Ce discours sage parût à plus d'un Theologien une déclaration scandaleuse, que l'ame est materielle & mortelle. Quelques Anglois devots à leur maniere sonnerent l'allarme. Les Superstitieux sont dans la société ce que les poltrons font dans une armée; ils ont & donnent des terreurs paniques. On cria que Mr. Locke vouloit renverser la Religion; il ne s'agissoit pourtant pas de Religion dans cette affaire, c'étoit

G

une question purement philosophique, très independante de la foy & de la Revelation. Il ne falloit qu'examiner sans aigreur s'il y a de la contradiction à dire la matiere peut penser, & si Dieu peut communiquer la pensée à la matiere. Mais les Theologiens commencent trop souvent par dire que Dieu est outragé, quand on n'est pas de leur avis; c'est trop ressembler aux mauvais Poëtes, qui crioient que Despreaux parloit mal du Roy, parce qu'il se moquoit d'eux. Le Docteur Stillingfleet s'est fait une reputation de Theologien moderé, pour n'avoir pas dit positivement des injures à Mr. Locke. Il entra en lice contre lui, mais il fût battu; car il raisonnoit en Docteur, & Locke en Philosophe instruit de la force & de la foiblesse de l'Esprit humain, & qui se battoit avec des armes dont il connoissoit la trempe. Si j'osois parler après Mr. Locke, sur un sujet si délicat, je dirois, les hommes disputent depuis longtems sur la nature & sur l'immortalité de l'ame: à l'égard de son immortalité, il est impossible de la

demontrer

demontrer puisqu'on dispute encore sur sa nature, & qu'assurement il faut connoitre à fond un être creé pour decider, si il est immortel ou non. La Raison humaine est si peu capable de demontrer par elle même l'immortalité de l'ame que la Religion a été obligée de nous la reveler. Le bien commun de tous les hommes demande qu'on croye l'ame immortelle; la foi nous l'ordonne; il n'en faut pas d'avantage: & la chose est decidée. Il n'en est pas de même de sa nature, il importe peu à la Religion de quelle substance soit l'ame, pourvû qu'elle soit vertueuse. C'est un Horloge qu'on nous a donné à gouverner, mais l'ouvrier ne nous a pas dit dequoi le ressort de cet Horloge est composé.

Je suis corps & je pense, je n'en sçais pas d'avantage. Iray-je attribuer à une cause inconnue ce que je puis si aisement attribuer à la seule cause seconde que je connois? Icy tous les Philosophes de l'Ecole m'arrêtent en argumentant, & disent il n'y a dans le corps que de l'étenduë l'étenduë & de la folidité, & il ne peut avoir que du mouvement & de la figure. Or, du mouvement de la figure de l'étendue, & de la folidité ne peuvent faire une penfée, donc l'ame ne peut pas être matiere. Tout ce grand raifonnement repeté tant de fois fe réduit uniquement à cecy : Je ne connois point du tout la matiere, j'en devine imparfaitement quelques proprietés; or je ne fçai point du tout fi ces proprietés peuvent être jointes à la penfée; donc parce que je ne fçai rien du tout, j'affure pofitivement que la matiere ne fçauroit penfer. Voilà nettement la maniere de raifonner de l'Ecole.

MR. LOCKE difoit avec fimplicité à ces Meffieurs, confeffez du moins que vous étes auffi ignorants que moi. Vôtre imagination ny la mienne ne peuvent concevoir comment un corps a des idées; & comprenez vous mieux comment une fubftance telle qu'elle foit a des idées? vous ne concevez ny la matiere ny l'efprit, comment ofez vous affurer quelque chofe ?

LE

Le superstitieux vient à son tour & dit qu'il faut brûler pour le bien de leurs ames ceux qui soupçonnent qu'on peut penser avec la seule aide du corps: mais que diroient ils si c'étoient eux mêmes qui fussent coupables d'irreligion? En effet, quel est l'homme qui osera assurer sans une impieté absurde, qu'il est impossible au Createur de donner à la matiere la pensée & le sentiment? Voyez, je vous prie, à quel embarras vous estes reduit; vous qui bornez ainsi la puissance du Createur. Les Bêtes ont les mêmes organes que nous, les mêmes sentiments, les mêmes perceptions; elles ont de la memoire, elles combinent quelques idées. Si Dieu n'a pas pu animer la matiere, & lui donner le sentiment, il faut de deux choses l'une, ou que les Bêtes soient de pures machines, ou qu'elles ayent une ame spirituelle.

Il me paroit demontré que les Bêtes ne peuvent être de simples machines, voici ma preuve; Dieu leur a fait précisement les mêmes organes de senti-

ment que les nôtres; donc si ils ne sentent point, Dieu a fait un ouvrage inutile; or Dieu de vôtre aveu même, ne fait rien en vain; donc il n'a point fabriqué tant d'organes de sentiment, pour qu'il ny eut point de sentiment, donc les Bêtes ne sont point de pures machines. Les Bêtes selon vous ne peuvent pas avoir une ame spirituelle; donc malgré vous il ne reste autre chose à dire, sinon que Dieu a donné aux organes des Bêtes, qui sont matiere, la faculté de sentir & d'apercevoir, que vous appellez Instinct dans elles. Et qui peut empêcher Dieu de communiquer à nos organes plus deliez cette faculté de sentir, d'apercevoir, & de penser, que nous appellons raison humaine? De quelque côté que vous vous tourniez, vous estes obligés d'avoüer vôtre ignorance, & la puissance immense du Createur. Ne vous revoltez donc plus contre la sage & modeste Philosophie de Mr. Locke, loin d'être contraire à la Religion, elle lui serviroit de preuve, si la Religion en avoit besoin; car quelle
Philo-

Philofophie plus réligieufe, que celle qui n'affirmant que ce qu'elle conçoit clairement & fçachant avoüer fa foibleffe, vous dit qu'il faut recourir à Dieu, dès qu'on examine les premiers principes?

D'AILLEURS il ne faut jamais craindre qu'aucun fentiment philofophique puiffe jamais nuire à la Religion d'un pays. Nos Myfteres ont beau être contraires à nos demonftrations; ils n'en font pas moins reverez par nos Philofophes Chrétiens, qui fçavent que les objets de la raifon & de la foi font de differente nature. Jamais les Philofophes ne feront une fecte de Réligion ; pourquoi? c'eft qu'ils n'écrivent point pour le peuple, & qu'ils font fans Entoufiafme. Divifez le Genre humain en vingt parts, il y en a dix neuf compofées de ceux qui travaillent de leurs mains, & qui ne fçauront jamais, s'il y a eu un Mr. Locke au monde; dans la vingtiéme partie qui refte, combien trouve t-on peu d'hommes qui lifent? & parmi ceux qui lifent, il y en a vingt qui lisent des Romans, contre un qui étudie en Philosophie. Le nombre de ceux qui pensent est excessivement petit, & ceux-là ne s'avisent pas de troubler le monde.

Ce n'est ny Mountagne, ny Locke, ny Bayle, ny Spinosa, ny Hobbes, ny Milord Shaftsbury, ny Mr. Collins, ny Mr. Toland, &c. qui ont porté le flambeau de la Discorde dans leur Patrie; ce sont pour la pluspart, des Theologiens, qui ayant eu d'abord l'ambition d'être chefs de Secte ont eu bientôt celle d'être chefs de partys. Que dis-je? tous ces livres des Philosophes modernes mis ensemble ne feront jamais dans le monde autant de bruit seulement, qu'en a fait autrefois la dispute des Cordeliers, sur la forme de leurs Manches & de leurs Capuchons.

QUATORZIE'ME LETTRE SUR DES CARTES ET NEWTON.

UN François qui arrive à Londres, trouve les choses bien changées en Philosophie comme dans tout le reste. Il a laissé le monde plein, il le trouve vuide. A Paris on voit l'Univers composé de Tourbillons, de Matiere subtile; à Londres on ne voit rien de cela. Chez vous c'est la pression de la Lune qui cause le flux de la mer; chez les Anglois
c'est

c'eft la mer qui gravite vers la Lune; de façon que quand vous croyez que la Lune devroit nous donner marée haute, ce Meffieurs croyent qu'on doit avoir marée baffe, ce qui malheureufement ne peut fe vérifier. Car il auroit fallu pour s'en éclaircir examiner la Lune & les Marées au premier inftant de la Création.

Vous remarquerés encore que le Soleil, qui en France n'entre pour rien dans cette affaire, y contribue icy environ pour fon quart. Chez vos Cartefiens, tout fe fait par une impulfion, qu'on ne comprend gueres; chez M. Newton c'eft par une attraction dont on ne connoift pas mieux la caufe. A Paris vous vous figurés la Terre faite comme un Melon; à Londres elle eft applatie des deux cotés. La Lumiere pour un Cartefien exifte dans l'air; pour un Newtonien elle vient du Soleil en fix minutes & demie. Vôtre Chimie fait toutes fes operations avec des Acides, des Alkalis, & de la Matiere
fubtile;

subtile; l'Attraction domine jusques dans la Chimie Angloise.

L'Essence même des choses a totallement changé. Vous ne vous accordés ny sur la definition de l'ame, ny sur celle de la matiere. Des Cartes assure que l'ame est la même chose que la pensée, & M. Locke lui prouve assez bien le contraire.

Des Cartes assure encore que l'étenduë seule fait la matiere; Newton y ajoute la solidité.

Voila de furieuses contrarietés !

Non nostrum inter vos tantas componere lites.

Ce fameux Newton, ce destructeur du sisteme Cartesien, mourut au mois de Mars de l'an passé 1727. Il a vecu honoré de ses compatriotes, & a été enterré comme un Roy qui auroit fait du bien à ses sujets.

On a lû icy avec avidité & l'on a traduit en Anglois l'Eloge de Mr. Newton, que M. de Fontenelle a prononcé dans l'Académie des Sciences. M. de Fontenelle est le Juge des Philosophes, on
attendoit

attendoit en Angleterre son jugement comme une déclaration solemnelle de la superiorité de la Philosophie Angloise. Mais quand on a vu qu'il comparoit Des Cartes à Newton, toute la Societé Royale de Londres s'est soulevée : loin d'acquiescer au jugement on a critiqué le Discours. Plusieurs même (& ceux là ne sont pas les plus Philosophes) ont été choquez de cette comparaison, seulement parce que Des Cartes étoit François.

Il faut avoüer que ces deux grands hommes ont été bien differens l'un de l'autre dans leur conduite, dans leur fortune, & dans leur Philosophie.

Des Cartes étoit né avec une imagination brillante & forte, qui en fit un homme singulier dans la vie privée, comme dans sa maniere de raisonner. Cette imagination ne put se cacher même dans ses ouvrages Philosophiques, où l'on voit à tous momens des comparaisons ingenieuses & brillantes. La nature en avoit presque fait un Poëte ; & en effet il composa pour la Reine de Suede,

Suede un divertissement en vers, que pour l'honneur de sa memoire on n'a pas fait imprimer.

Il essaya quelque tems du metier de la guerre, & depuis étant devenu tout à fait Philosophe, il ne crût pas indigne de lui de faire l'amour. Il eût de sa Maitresse une fille nommée Francine, qui mourut jeune, & dont il regretta beaucoup la perte. Ainsi il éprouva tout ce qui appartient à l'humanité.

Il crût longtems qu'il étoit necessaire de fuir les hommes, & sur tout sa patrie, pour philosopher en liberté.

Il avoit raison ; les hommes de son tems n'en sçavoient pas assez pour l'éclairer, & n'étoient gueres capables que de lui nuire.

Il quitta la France, parce qu'il cherchoit la verité qui y étoit persecutée alors par la miserable Philosophie de l'Ecole. Mais il ne trouva pas plus de raison dans les Universités de la Hollande où il se retira. Car dans le tems qu'on condamnoit en France les seules propositions de sa Philosophie qui fus-

sent

fent vrayes, il fût auffi perfecuté par les prétendus Philofophes de Hollande, qui ne l'entendoient pas mieux, & qui voyant de plus près fa gloire, haïffoient d'avantage fa perfonne; il fût obligé de fortir d'Utrecht. Il effuya l'accufation d'Atheifme, derniere reffource des calomniateurs; & lui qui avoit employé toute la fagacité de fon Efprit à chercher de nouvelles preuves de l'exiftence d'un Dieu, fût foupçonné de n'en point reconnoitre.

TANT de perfecutions fuppofoient un très grand merite & une reputation éclatante; auffi avoit-il l'un & l'autre. La raifon perça même un peu dans le monde à travers les tenebres de l'Ecole & les prejugez de la fuperftition populaire. Son nom fit enfin tant de bruit qu'on voulut l'attirer en France par des recompenfes. On lui propofa une penfion de mil ecus. Il vint fur cette efperance, paya les fais de la patente qui fe vendoit alors, n'eût point la penfion, & s'en retourna philofopher dans fa folitude de North-Hollande dans le tems que le
grand

grand Gallilée, à l'age de 80 ans, gemiſſoit dans les priſons de l'Inquiſition pour avoir demontré le mouvement de la Terre.

Enfin il mourut à Stockholm d'une mort prematurée, & cauſée par un mauvais regime, au milieu de quelques ſçavans ſes ennemis, & entre les mains d'un medecin qui le haïſſoit.

La carriere du Chevalier Newton a été toute differente. Il a vecu 85 ans toujours tranquille, heureux & honoré dans ſa patrie.

Son grand bonheur a été non ſeulement d'être né dans un pays libre, mais dans un tems où les impertinences ſcholaſtiques étant banies, la raiſon ſeule étoit cultivée, & le monde ne pouvoit être que ſon ecolier & non ſon ennemy.

Une oppoſition ſinguliere dans laquelle il ſe trouve avec Des Cartes, c'eſt que dans le cours d'une ſi longue vie il n'a eu ny paſſion ny foibleſſe, il n'a jamais approché d'aucune femme : c'eſt ce qui m'a été confirmé par le Medecin

&

& le Chirurgien entre les bras de qui il il eſt mort.

On peut admirer en cela Newton, mais il ne faut pas blamer Des Cartes.

L'opinion publique en Angleterre ſur ces deux Philoſophes, eſt que le premier étoit un Reſveur, & que l'autre étoit un Sage.

Tres peu de perſonnes à Londres liſent Des Cartes, dont effectivement les ouvrages ſont devenus inutiles; tres peu liſent auſſi Newton, parce qu'il faut être fort ſçavant pour le comprendre. Cependant, tout le monde parle d'eux, on n'accorde rien au François, & on donne tout à l'Anglois. Quelques gens croyent, que ſi on ne s'en tient plus à l'horreur du Vuide, ſi on ſçait que l'Air eſt peſant, ſi on ſe ſert de Lunettes d'approche, on en a l'obligation à Newton; il eſt icy l'Hercule de la Fable, à qui les ignorans attribuoient tous les faits des autres Heros.

Dans une Critique qu'on a faite à Londres du Diſcours de M. de Fontenelle, on a oſé avancer que Des Cartes
n'étoit

n'étoit pas un grand Geometre. Ceux qui parlent ainſi peuvent ſe reprocher de battre leur nourrice. Des Cartes a fait un auſſi grand chemin du point où il a trouvé la Geometrie juſqu'au point où il l'a pouſſée, que Newton en a fait après lui. Il eſt le premier qui ait enſeigné la maniere de donner les equations algebraïques des Courbes. Sa geometrie, graces à lui devenuë commune, étoit de ſon tems ſi profonde qu'aucun Profeſſeur n'oſa entreprendre de l'expliquer, & qu'il n'y avoit en Hollande que Schotten, & en France que Fermat, qui l'entendiſſent.

Il porta cet eſprit de geometrie & d'invention dans la Dioptrique qui devint, entre ſes mains, un art tout nouveau, & s'il s'y trompa en quelque choſe c'eſt qu'un homme qui decouvre de nouvelles Terres ne peut tout d'un coup en connoitre toutes les proprietés. Ceux qui viennent après lui & qui rendent ces Terres fertiles lui ont au moins l'obligation de la decouverte. Je ne nieray pas que tous les autres ouvrages

H de

de M. Des Cartes fourmillent d'erreurs.

La geometrie étoit un guide que lui même avoit en quelque façon formé & qui l'auroit conduit feurement dans fa Phyfique. Cependant il abandonna à la fin ce guide, & fe livra à l'Efprit de Syfteme. Alors fa Philofophie ne fut plus qu'un Roman ingenieux tout au plus, & vraifemblable pour les philofophes du même tems. Il fe trompa fur la nature de l'ame, fur les preuves de l'exiftence de Dieu, fur la matiere, fur les loix du mouvement, fur la nature de la lumiere. Il admit des idées innées, il inventa de nouveaux elemens, il crea un monde; il fit l'homme à fa mode, & on dit avec raifon que l'homme de Des Cartes n'eft en effet que celui de Des Cartes fort eloigné de l'homme veritable.

Il pouffa fes erreurs Metaphyfiques, jufqu'à pretendre que deux & deux ne font quatre, que parce que Dieu l'a voulu ainfi. Mais ce n'eft point trop dire qu'il étoit eftimable même dans fes égaremens. Il fe trompa, mais ce fut au moins

moins avec methode, & de conſequence en conſequence. Il detruiſit les Chimeres abſurdes dont on infatuoit la jeuneſſe depuis 2000 ans. Il apprit aux hommes de ſon tems à raiſonner & à ſe ſervir contre lui-même de ſes armes. S'il n'a pas payé en bonne monnoye, c'eſt beaucoup d'avoir decrié la fauſſe.

Je ne crois pas qu'on oſe à la verité comparer en rien ſa Philoſophie avec celle de Newton; la premiere eſt un eſſay, la ſeconde eſt un chef d'œuvre. Mais celui qui nous a mis ſur la voye de la verité vaut peut-être celui qui a été depuis au bout de cette carriere.

Des Cartes donna la vûe aux aveugles. Ils virent les fautes de l'antiquité, & les ſiennes. La route qu'il ouvrit eſt depuis lui devenuë immenſe. Le petit livre de Rohault a fait pendant quelques tems une Phyſique complette; aujourd'hui tous les Receüils des Academies de l'Europe ne font pas même un commencement de ſyſteme. En approfonprofondiffant cet abyme il s'eft trouvé infiny. Il s'agit maintenant de voir ce que M. Newton a creufé dans ce precipice.

QUINZIE'ME

QUINZIE'ME LETTRE SUR L'ATTRACTION.

LES decouvertes du Chevalier Newton qui lui ont fait une reputation si universelle, regardent le Systeme du Monde, la Lumiere, l'Infini en Geometrie, & enfin la Chronologie, à laquelle il s'est amusé pour se delasser.

JE vais vous dire (si je puis sans verbiage) le peu que j'ai pu attrapper de toutes ces sublimes idées. A l'égard du systeme de nôtre monde, on disputoit depuis longtems sur la cause qui fait tourner & qui retient dans leurs orbites toutes les Planêtes, & sur celle qui fait descendre icy bas tous les corps vers la surface de la Terre.

Le syſteme de Des Cartes, expliqué & perfectionné depuis lui, ſembloit rendre une raiſon plauſible de tous ces phenomenes; & cette raiſon paroiſſoit d'autant plus vraye qu'elle eſt ſimple & intelligible à tout le monde. Mais en Philoſophie il faut ſe defier de ce qu'on croit entendre trop aiſément auſſi bien que des choſes qu'on n'entend pas.

La Peſanteur, la chûte acceleréé des corps ſur la Terre, la revolution des Planétes dans leurs orbites, leurs rotations autour de leur axe, tout cela n'eſt que du mouvement. Or le mouvement ne peut être conçu que par impulſion, donc tous ces corps ſont pouſſés. Mais par quoi le font ils? Tout l'eſpace eſt plein, donc il eſt rempli d'une matiere tres ſubtile, puiſque nous ne l'appercevons pas; donc cette matiere va d'occident en orient, puiſque c'eſt d'occident en orient que toutes les Planétes ſont entrainées. Ainſi de ſuppoſitions en ſuppoſitions, & de vraiſemblances

en

en vraisemblances, on a imaginé un vaste tourbillon de matiere subtile, dans lequel les Planétes sont entrainées autour du Soleil ; on a creé encore un autre tourbillon particulier qui nage dans le grand, & qui tourne journellement autour de la Planéte. Quand tout cela est fait, on pretend que la pesanteur depend de ce mouvement journalier ; car, dit-on, la matiere subtile qui tourne autour de nôtre petit tourbillon, doit aller dix sept fois plus vite que la Terre. Or si elle va dix sept fois plus vite que la Terre, elle doit avoir incomparablement plus de force centrifuge, & repousser par consequent tous les corps vers la terre. Voilà la cause de la pesanteur dans le systeme Cartesien. Mais avant que de calculer la force centrifuge, & la vitesse de cette matiere subtile, il falloit s'assurer qu'elle existât.

M. Newton semble anneantir sans ressource tous ces tourbillons grands & petits, & celui qui emporte les Planétes autour du Soleil, & celui qui fait tourner chaque Planéte sur elle-même.

PREMIEREMENT à l'égard du pretendu petit tourbillon de la Terre, il eſt prouvé qu'il doit perdre petit à petit ſon mouvement ; il eſt prouvé que ſi la Terre nage dans un fluide, ce fluide doit être de la même denſité que la Terre ; & ſi ce fluide eſt de la même denſité, tous les corps que nous remuons doivent éprouver une reſiſtance extrême.

2°. A L'EGARD des grands tourbillons, ils ſont encore plus chimeriques, il eſt impoſſible de les accorder avec les regles de Kepler dont la verité eſt demontrée. M. Newton fait voir que la revolution du fluide, dans lequel Jupiter eſt ſuppoſé entrainé, n'eſt pas avec la revolution du fluide de la Terre, comme la revolution de Jupiter eſt avec celle de la Terre. Il prouve que les Planétes faiſant leurs revolutions dans des Ellipſes, & par conſéquent étant bien plus éloignées les unes des autres dans leurs Aphélies, & un peu plus proches dans leurs Perihélies, la Terre par exemple devroit aller plus vite quand elle eſt plus près de Venus & de Mars, puiſque le fluide qui
l'emporte

l'emporte étant alors plus pressé doit avoir plus de mouvement, & cependant c'est alors même que le mouvement de la Terre est plus rallenti.

Il prouve qu'il n'y a point de matiere celeste qui aille d'occident en orient, puisque les Comêtes traversent ces espaces, tantôt de l'orient à l'occident, tantôt du septentrion au midy.

Enfin pour mieux trancher encor, s'il est possible, toute difficulté, il prouve, & même par des experiences, que le Plein est impossible, & il nous ramene le Vuide qu'Aristote & Des Cartes avoient banni du monde.

Ayant par toutes ces raisons, & par beaucoup d'autres encore renversé les tourbillons du Cartesianisme, il desesperoit de pouvoir connoitre jamais, s'il y a un principe secret dans la nature qui cause à la fois le mouvement de tous les corps célestes & qui fait la pesanteur sur la Terre. S'étant retiré en 1666. à cause de la peste, à la campagne près de Cambridge, un jour qu'il se promenoit dans son jardin, & qu'il voyoit des fruits

tomber

tomber d'un arbre, il se laissa aller à une meditation profonde sur cette Pesanteur dont tous les philosophes ont cherchéz si long tems la cause en vain, & dans laquelle le vulgaire ne soupçonne pas même de myftére ; il se dit à lui même, de quelque hauteur dans nôtre hemisphére que tombaffent ces corps, leur chûte feroit certainement dans la progreffion découverte par Galilée ; & les espaces parcourus par eux feroient come les quarrez des tems. Ce pouvoir qui fait defcendre les corps graves, est le même sans aucune diminution fenfible à quelque profondeur qu'on soit dans la terre, & fur la plus haute montagne ; pourquoi ce pouvoir ne s'étendroit-il pas jufqu'à la lune ? Et s'il est vrai qu'il pénétre jufques-là, n'y a t'il pas grande apparence que ce pouvoir la retient dans son orbite & détermine son mouvement ? Mais si la lune obeït à ce principe tel qu'il foit, n'eft-il pas encore trés raifonable de croire que les autres planétes y font également foumifes ? Si ce pouvoir
éxifte

éxiste, ce qui est prouvé d'ailleurs, il doit augmenter en raison renversée des quarrez des distances. Il n'y a donc plus qu'à examiner le chemin que feroit un corps grave en tombant sur la terre d'une hauteur mediocre, & le chemin que feroit dans le même tems un corps qui tomberoit de l'orbite de la lune ; pour en être instruit, il ne s'agit plus que d'avoir la mesure de la terre, & la distance de la lune à la terre.

Voilà coment M. Newton raisonna. Mais on n'avoit alors en Angleterre que de trés fausses mesures de notre glôbe. On s'en raportoit à l'estime incertaine des pilotes, qui comptoient soixante milles d'Angleterre pour un degré ; au lieu qu'il en faloit compter prés de soixante & dix. Ce faux calcul ne s'accordant pas avec les conclusions que M. Newton vouloit tirer, il les abandonna. Un philosophe médiocre & qui n'auroit eut que de la vanité, eut fait quadrer comme il eut pû la mesure de la terre avec son systême ; M. Newton aima mieux abandonner alors son projet. Mais depuis

puis que M. Picart eut mesuré la terre éxactement, en traçant cette Méridiene qui fait tant d'honneur à la France ; M. Newton reprit ses premieres idées, & il trouva son compte avec le calcul de M. Picart.

C'est une chose qui me paroît toujours admirable, qu'on ait découvert de si sublimes véritez avec l'aide d'un Quart de Cercle, & d'un peu d'Arithmetique.

La circonference de la Terre est de cent vingt trois millions, deux cens quarante neuf mille six cens pieds ; de cela seul peut suivre le systême de l'Attraction.

Des qu'on connoit la circonférence de la terre, on connoit celle de l'orbite de la lune, & le diamêtre de cette orbite. La révolution de la lune dans cette orbite, se fait en vingt sept jours, sept heures, quarante trois minutes ; donc il est démontré que la lune dans son mouvement moïen, parcourt cent quatre-vingt sept mille neuf cent soixante pieds de Paris par minute. Et par un Theoreme connu

connu il eſt démontré que la force centrale qui feroit tomber un corps de la hauteur de la lune, ne le feroit tomber que de quinze pieds de Paris dans la premiere minute. Maintenant ſi la régle par laquelle les corps pêſent, gravitent, s'attirent en raiſon inverſe des quarrez des diſtances eſt vraye, ſi c'eſt le même pouvoir qui agit ſuivant cétte régle dans toute la nature, il eſt évident que la terre étant éloignée de la lune de 60 demi-diamêtres, un corps grave doit tomber ſur la terre de quinze pieds dans la premiére feconde, & de cinquante quatre mille pieds dans la premiere minute.

Or-eſt il qu'un corps grave, tombe en éfet de quinze pieds dans la premiere ſeconde, & parcourt dans la premiére minute cinquante quatre mille pieds, lequel nombre eſt le quarré de ſoixante multiplié par quinze. Donc les corps pêſent en raiſon inverſe des quarrez des diſtances: donc le même pouvoir fait la peſanteur ſur la terre, & retient la lune dans ſon orbite ; étant démontré

montré que la lune pêfe fur la terre, qui eft le centre de fon mouvement particulier, il eft démontré que la terre & la lune pêfent fur le foleil qui eft le centre de leur mouvement annuel.

LES autres planétes doivent être foumifes à cette loi générale, & fi cette loi exifte, ces planétes doivent fuivre les regles trouvées par Kepler. Toutes ces régles, tous ces raports font en éfet gardez par les planétes avec la derniére éxactitude. Donc le pouvoir de la gravitation fait pefer toutes les planétes vers le foleil, de même que nôtre glôbe.

ENFIN la réaction de tout corps étant proportionelle à l'action, il demeure certain que la terre pêfe à fon tour fur la lune, & que le foleil pêfe fur l'une & fur l'autre; que chacun des fatellites de Saturne pêfe fur les quatre, & les quatre fur lui; tous cinq fur Saturne, Saturne fur tous; qu'il en eft ainfi de Jupiter, & que tous ces glôbes font attirez par le Soleil réciproquement attiré par eux.

CE

CE pouvoir de gravitation agit à proportion de la matiére que renferment les corps. C'eſt une vérité que M. Newton a démontrée par des expériences. Cette nouvelle découverte a ſervi à faire voir que le Soleil, centre de toutes les planétes, les attire toutes en raiſon directe de leurs maſſes combinée avec leur éloignement. De là s'élevant par dégrez juſqu'à des connoiſſances qui ſembloient n'être pas faites pour l'eſprit humain; il ôſe calculer combien de matiére contient le Soleil, & combien il s'en trouve dans chaque planéte, & ainſi il fait voir que par les ſimples loix de la mécanique chaque glôbe céleſte doit être nécéſſairement à la place où il eſt.

SON ſeul principe des loix de la gravitation rend raiſon de toutes les inégalitez apparentes dans le cours des glôbes céleſtes. Les variations de la lune devienent une ſuitte nécéſſaire de ces loix. De plus on voit évidemment pourquoi les nœuds de la lune font leurs revolutions en dix neuf ans, & ceux de la terre

dans

dans l'espace d'environ vingt six mille années. Le flux & le reflux de la mer est encore un éfet trés simple de cette atraction. La proximité de la lune dans son plein, & quand elle est nouvelle, & son éloignement dans ses quartiez combinez avec l'action du Soleil rendent une raison sensible de l'élevation & de l'abaissement de l'océan.

Après avoir rendu compte par sa sublime théorie du cours & des inégalitez des planétes, il assujettit les Cométes au frein de la même loi. Ces feux si long-tems inconnus, qui étoient la terreur du monde & l'écueil de la philosophie, placez par Aristote au dessous de la lune, & renvoiez par Des Cartes au dessus de Saturne, sont mis enfin à leur véritable place par M. Newton.

Il prouve que ce sont des corps solides qui se meuvent dans la sphére de l'action du Soleil, & decrivent un ellipse si excentrique & si approchante de la parabole que certaines cométes doivent mettre plus de cinq cens ans dans leur révolution.

Le

Le sçavant M. Halley croit que la cométe de 1680, est la même qui parût du tems de Jules Céfar. Celle-là fur tout fert plus qu'une autre à faire voir que les cométes font des corps durs & opaques, car elle defcendit fi prés du Soleil qu'elle n'én étoit éloignée que d'une fixiéme partie de fon difque; elle dût par conféquent aquérir un degré de chaleur deux mille fois plus violent que celuy du fer le plus enflâmé. Elle auroit été diffoute & confommée en peu de tems, fi elle n'avoit pas été un corps opaque. La mode començoit alors de deviner le cours des cométes. Le célébre Mathematicien Jacques Bernoulli conclût par fon fiftême, que cette fameufe cométe de 1680, reparoitroit le 17 May 1719. Aucun Aftronôme de l'Europe ne fe coucha cette nuit du 17 May, mais la fameufe cométe ne parût point. Il y a au moins plus d'adreffe, s'il n'y a pas plus de fureté, à lui donner cinq cens foixante & quinze ans pour revenir. Pour M. Whifton, il a ferieufement affirmé que du tems

I du

du déluge, il y avoit eu une cométe qui avoit inondé nôtre glôbe, & il a eu l'injuſtice de s'étonner qu'on ſe ſoit moqué de lui. L'antiquité penſoit à peu prés dans le goût de M. Whiſton; elle croïoit que les cométes étoient toujours les avant-courieres de quelque grand malheur ſur la terre. M. Newton au contraire ſoupçonne qu'elles ſont trés bien faiſantes, & que les fumées qui en ſortent ne ſervent qu'à ſecourir & à vivifier les planétes, qui s'imbibent dans leurs cours de toutes ces particules que le Soleil a détachées des cométes. Ce ſentiment eſt du moins plus probable que l'autre. Ce n'eſt pas tout, ſi cette force de gravitation, d'atraction, agit dans tous les globes céleſtes; il agit ſans doute ſur toutes les parties de ces globes. Car ſi les corps s'attirent en raiſon de leurs maſſes, ce ne peut être qu'en raiſon de la quantité de leurs parties, & ſi ce pouvoir eſt logé dans le tout, il l'eſt ſans doute dans la moitié, il l'eſt dans le quart,

dans

dans la huitiéme partie, ainſi juſqu'à l'infini.

AINSI voilà l'atraction qui eſt le grand reſort qui fait mouvoir toute la nature. M. Newton avoit bien prevû, après avoir démontré l'éxiſtence de ce principe, qu'on ſe révolteroit contre ſon ſeul nom: dans plus d'un endroit de ſon livre il précautionne ſon Lecteur contre ce nom même. Il l'avertit de ne le pas confondre avec les qualitez occultes des anciens, & de ſe contenter de connoître qu'il y a dans tous les corps une force centrale qui agit d'un bout de l'univers à l'autre ſur les corps les plus proches, & ſur les plus éloignez ſuivant les loix immuables de la mécanique.

IL eſt étonant qu'aprés les proteſtations ſolemnelles de ce grand homme, M. Saurin & M. de Fontenelle, qui euxmêmes méritent ce nom, lui aient reproché nétement les chiméres du Péripatétiſme; M. Saurin dans les Mémoires de l'Académie de 1709, & M.

de Fontenelle dans l'Eloge même de M. Newton.

Presque tous les François, savans & autres, ont repeté ce reproche. On entend dire par tout, pourquoi M. Newton ne s'eſt il pas ſervi du mot d'Impulſion que l'on comprend ſi bien, plutôt que du terme d'Attraction qu'on ne comprend pas?

M. Newton auroit pû répondre à ces critiques, premiérement vous n'entendez pas plus le mot d'Impulſion que celui d'Atraction, & ſi vous ne concevez pas pourquoi un corps tend vers le centre d'un autre corps, vous n'imaginez pas plus par quelle vertu un corps en peut pouſſer un autre.

Secondement, je n'ay pû admettre l'impulſion, car il faudroit pour cela que j'euſſe connu qu'une matiére céleſte pouſſe en effet les planétes: or non ſeulement je ne connois point cette matiere, mais j'ay prouvé qu'elle n'exiſte pas.

Troiſie'mement, je ne me ſers du mot d'Atraction que pour exprimer un effet que j'ay découvert dans la nature,

effet

effet certain & indisputable d'un principe inconnu, qualité inherante dans la matiére, dont de plus habiles que moi trouveront s'ils peuvent la cause.

Que nous avez vous donc apris ? insiste-t-on encore, & pourquoi tant de calculs pour nous dire ce que vous même ne comprenez pas?

Je vous ay apris (pourroit continuer M. Newton) que la mécanique des forces centrales fait peser tous les corps à proportion de leur matiére, que ces forces centrales font seules mouvoir les planétes & les cométes dans des proportions marquées. Je vous démontre qu'il est impossible qu'il y ait une autre cause de la pesanteur & du mouvement de tous les corps celestes. Car les corps graves tombent sur la terre selon la proportion démontrée des forces centrales, & les planétes achevant leurs cours suivent ces mêmes proportions. S'il y avoit encore un autre pouvoir qui agit sur tous ces corps, il augmenteroit leurs vitesses, ou changeroit leurs diréctions. Or jamais aucun de ces corps n'a un feul dégré de mouvement, de vitefle, de détermination, qui ne foit démontré être l'effet des forces centrales; donc il eft impoffible qu'il y ait un autre principe.

Qu'il me foit permis de faire encore parler un moment M. Newton: ne fera t-il pas bien reçu à dire, Je fuis dans un cas bien diferent des anciens; ils voyoient, par exemple, l'eau monter dans les pompes, & ils difoient l'eau monte par ce qu'elle a horreur du vuide. Mais moi je fuis dans le cas de celui, qui auroit remarqué le premier que l'eau monte dans les pompes, & qui laifferoit à d'autres le foin d'expliquer la caufe de cet effet. L'Anatomifte qui a dit le premier que le bras fe remuë parce que les mufcles fe contractent, enfeigna aux hommes une vérité inconteftable; lui en aura-t-on moins d'obligation, parce qu'il n'a pas fceu pourquoi les mufcles fe contractent? La caufe du reffort de l'air eft inconuë, mais celui qui a découvert ce reffort a rendu un grand fervice à la phyfique. Le reffort que j'ay j'ay découvert étoit plus caché & plus universel, ainsi on doit m'en savoir plus de gré. J'ay découvert une nouvelle proprieté de la matiére, un des secrets du Créateur, j'en ay calculé, j'en ay démontré les effets, peut on me chicaner sur le nom que je lui donne ?

Ces sont les Tourbillons qu'on peut appeller une qualité occulte, puis qu'on n'a jamais prouvé leurs existences ; l'Atraction au contraire est une chose réélle, puis qu'on en démontre les effets, & qu'on en calcule les proportions. La cause de cette cause est dans le sein de Dieu.

Procedes huc, & non ibis amplius.

SEIZIE'ME LETTRE SUR L'OPTIQUE DE M. *NEWTON*.

UN nouvel Univers a été découvert par les Philosophes du dernier siécle, & le monde nouveau étoit d'autant plus difficile à connoître qu'on ne se doutoit pas même qu'il existât. Il sembloit aux plus sages que c'estoit une témerité insensée d'oser seulement songer qu'on pût deviner par quelles loix les corps célestes se meuvent,

vent, & comment la lumiere agit. Galilée par ses decouvertes astronomiques, Kepler par ses calculs, Descartes au moins dans sa Dioptrique, & Newton dans tous ses ouvrages, ont vû la mécanique des ressorts du monde. Dans la Geometrie on a assujeti l'infini au calcul, la circulation du sang dans les animaux & de la seve dans les végétables ont changé pour nous la nature. Une nouvelle maniére d'exister a été donnée au corps dans la machine pneumatique. Les objets se sont raprochez de nos yeux à l'aide des télescopes. Enfin ce que M. Newton a découvert sur la lumiere, est digne de tout ce que la curiosité des hommes pouvoit attendre de plus hardi, aprés tant de nouveautez.

Jusqu'à Antonio de Dominis, l'arc en ciel avoit paru un miracle inexplicable. Ce philosophe devina que c'estoit un effet nécessaire de la pluye & du soleil. Descartes rendit son nom immortel par l'explication Mathématique de ce phénomene si naturel ; il calcula les réflexions & les refractions de la lumiére

lumiére dans les goutes de pluye, & cette sagacité eut alors quelque chose de divin.

Mais qu'auroit-il dit si on lui avoit fait conoitre qu'il se trompoit sur la nature de la lumiére, qu'il n'avoit aucune raison d'assurer que c'étoit un corps globuleux, qu'il est faux que cette matiére s'étendant par tout l'univers n'attende pour être mise en action que d'être poussée par le soleil, ainsi qu'un long bâton qui agit à un bout quand il est pressé par l'autre, qu'il est trés vrai qu'elle est dardée par le soleil, & qu'enfin la lumiére est transmise du soleil à la terre en prés de sept minutes, quoiqu'un boulet de canon conservant toujours sa vitesse ne puisse faire ce chemin qu'en vingt cinq années ; quel eut été son étonement si on lui eut dit, il est faux que la lumiére se réflechisse directement en rebondissant sur les corps solides, il est faux que les corps soient transparens quand ils ont des pores larges; & il viendra un homme qui demonstrera ces
para-

paradoxes, & qui anatomisera un seul raïon de lumiére avec plus de dexterité que le plus habile artiste ne disséque le corps humain.

CET homme est venu. M. Newton avec le seul secours du Prisme a démontré aux yeux, que la lumiére est un amas de raïons colorez qui tous ensemble donent la couleur blanche, un seul raïon est divisé par lui en sept raïons qui viennent tous se placer, sur un linge ou sur un papier blanc, dans leur ordre l'un au dessus de l'autre & à d'inégales distances. Le premier est couleur de feu, le second citron, le troisiéme jaune, le quatriéme vert, le cinquiéme bleu, le sixiéme indigo, le septiéme violet. Chacun de ces raïons tamisé ensuite par cent autres prismes ne changera jamais la couleur qu'il porte, de même qu'un or épuré ne s'altére plus dans les creusets; & pour surabondance de preuve que chacun de ces raïons élementaires porte en soi ce qui fait la couleur à nos yeux, prenez un petit morceau de
bois

bois jaune par exemple, & expofez-le au raïon couleur de feu, & le bois fe teint à l'inftant en couleur de feu, expofez-le au raïon vert, il prend la couleur verte, & ainfi du refte.

Quelle eft donc la caufe des couleurs dans la nature ? Rien autre chofe que la difpofition des corps à réflechir les raïons d'un certain ordre, & à abforber tous les autres.

Quelle eft donc cette fecrete difpofition ? Il démontre que c'eft uniquement l'épaiffeur des petites parties conftituantes dont un corps eft compofé. Et comment fe fait cette reflection ? On penfoit que c'eftoit parce que les raïons rebondiffoient comme une balle fur la furface d'un corps folide. Point du tout; M. Newton a apris aux philofophes, étonnés que les corps ne font opaques que parce que leurs pores font larges, que la lumiére fe réflechit à nos yeux du fein de ces pores mêmes, que plus les pores d'un corps font petits, plus le corps eft tranfparent, ainfi le papier qui réflechit la lumiere quand il eft est sec, la transmet quand il est huilé, parce que l'huile remplissant ses pores les rend beaucoup plus petits.

C'est là qu'examinant l'extrême porosité des corps, chaque partie aïant ses pores, & chaque partie de ses parties aïant les siens, il fait voir qu'on n'est point assuré qu'il y ait un pouce cubique de matiere solide dans l'univers ; tant nôtre esprit est éloigné de concevoir ce que c'est que la matiére. Aïant ainsi décomposé la lumiére, & aïant porté la sagacité de ses découvertes jusqu'à démontrer le moïen de connoitre la couleur composée par les couleurs primitives, il fait voir que ces raïons élementaires, séparez par le moïen du prisme, ne sont arrangez dans leur ordre, que parce qu'il sont refractés en cet ordre même ; & c'est cette proprieté inconuë jusqu'à lui de se rompre dans cette proportion, c'est cette réfraction inégale des raïons, ce pouvoir de refracter le rouge moins que la couleur orangée, &c. qu'il nomme réfrangibilité. Les raïons les plus réflexibles sont les plus
réfran-

réfrangibles, de là il fait voir que le même pouvoir caufe la réflection & la refraction de la lumiere.

Tant de merveilles ne font que le commencement de fes découvertes ; il a trouvé le fecret de voir les vibrations & les fecouffes de lumiére qui vont & viennent fans fin, & qui tranfmetent la lumiére ou la réflechiffent felon l'épaiffeur des parties qu'elles rencontrent. Il a ofé calculer l'épaiffeur des particules d'air néceffaire entre deux verres pofez l'un fur l'autre, l'un plat, l'autre convexe d'un côté, pour operer telle tranfmiffion ou réflection, & pour faire telle ou telle couleur.

De toutes ces combinaifons, il trouve en quelle proportion la lumiere agit fur les corps, & les corps agiffent fur elle.

Il a fi bien vû la lumiére, qu'il a determiné à quel point l'art de l'augmenter, & d'aider nos yeux par des télefcopes doit fe borner.

Descartes par une noble confiance bien pardonable à l'ardeur que lui donoient

noient les comencemens d'un art préfque découvert par lui, Defcartes efperoit voir dans les aftres avec des lunétes d'aproche des objets auffi petits que ceux qu'on difcerne fur la terre.

Newton a montré qu'on ne peut plus perféctioner les lunétes à caufe de cette réfraction & de cette réfrangibilité même qui en nous raprochant les objets écartent trop les raïons élementaires; il a calculé dans ces verres la proportion de l'écartement des raïons rouges & des raïons bleus, & portant la demonftration dans des chofes dont on ne foupçonoit pas même l'exiftence, il examine les inégalitéz que produit la figure du verre, & celle que fait la réfrangibilité. Il trouve que le verre objectif de la lunete étant convexe d'un côté & plat de l'autre, fi le côté plat eft tourné vers l'objet, le défaut qui vient de la conftruction, & de la pofition du verre, eft cinq mille fois moindre que le défaut qui vient par la réfrangibilité, & qu'ainfi ce n'eft pas la figure des verres qui fait qu'on ne peut perfectioner les lunet d'aproche, mais qu'il faut s'en prendre à la nature même de la lumiére.

Voila pourquoi il inventa un télescope qui montre les objêts par réflection, & non point par refraction. Cette nouvelle forte de lunetes eft très dicffiile à faire, & n'eft pas d'un ufage bien aifé, mais on dit en Angleterre, qu'un télescope de réflection de cinq pieds fait le même effet qu'un lunete d'aproche de cent pieds.

DIX-SEPTIE'ME LETTRE

SUR

L'Infiny de la Geometrie,

ET SUR LA

CHRONOLOGIE

DE

Mr. *NEWTON*.

LE labirinthe & l'abime de l'Infini est aussi une carriere nouvelle parcourue par Newton, & on tient de lui le fil avec lequel on s'y peut conduire.

Des Cartes se trouve encore son précurseur dans cette étonnante nouveauté.

veauté. Il alloit à grands pas dans fa Géometrie jufques vers l'Infini, mais il s'arrêta fur le bord. Le docteur Wallis vers le milieu du dernier fiecle, fut le premier qui reduifit une fraction par une divifion perpetuelle à une fuite infinie.

Mylord Brounker fe fervit de cette fuite pour quarrer l'hiperbole.

Mercator publia une demonftration de cette quadrature. Ce fut à peu près dans ce tems que Newton, à l'age de 23 ans, avoit inventé une methode generale pour faire fur toutes les courbes géometriques ce qu'on venoit d'effayer fur l'hiperbole.

C'est cette methode de foumettre par tout l'infini au calcul algebraïque, que l'on appelle calcul differentiel ou des fluxions, & calcul integral. C'eft l'art de nombrer & de mefurer avec exactitude ce dont on ne peut pas même concevoir l'exiftence.

En effet, ne croiriés vous pas qu'on veut fe moquer de vous, quand on vous dit qu'il y a des lignes infiniment grandes,

grandes, qui forment un angle infiniment petit.

Qu'une droite qui est droite tant qu'elle est finie, changeant infiniment peu de direction, devient une courbe infinie. Qu'une courbe peut devenir infiniment moins courbe.

Qu'il y a des quarrés d'infini, des cubes d'infini, & des infinis d'infinis plus grands les uns que les autres, & dont le penultiéme n'est rien par rapport au dernier.

Tout cela qui paroit d'abord l'excés de la déraison, est en effet l'effort de la finesse & de l'étenduë de l'esprit humain, & la methode de trouver des verités qui étoient jusqu'alors inconnuës.

Cet edifice si hardi est même fondé sur des idées simples. Il s'agit de mesurer la diagonale d'un quarré, d'avoir l'aire d'une courbe; de trouver une racine quarrée à un nombre qui n'en a point dans l'arithmetique ordinaire. Après tout, tant d'ordres infinis ne doivent pas plus revolter l'imagination, que cette propofition fi connuë, qu'entre un cercle & une tangente on peut toûjours faire paffer des courbes; ou cette autre, que la matiére eft toûjours divifible. Ces deux verités font depuis long tems demontrées, & ne font pas plus compréhenfible que le refte.

On a difputé long tems à Mr. Newton, l'invention de ce fameux calcul. Mr. Leibnitz a paffé en Allemagne pour l'inventeur des differences, que Mr. Newton appelle fluxions; & Mr. Bernoulli a revendiqué le calcul integral. Mais l'honneur de la premiere decouverte a demeuré à Mr. Newton; & il eft refté aux autres la gloire d'avoir pû faire douter entr'eux & lui. C'eft ainfi que l'on contefta à Harvey la decouverte de la circulation du fang, & à Mr. Perrault celle de la circulation de la féve.

Hartsoecker & Leeuwenhoeck fe font conteftés l'honneur d'avoir vu le premier les petits vermiffeaux dont nous fommes faits. Ce même Hartfoecker

foecker a difputé à Mr. Huygens l'invention d'une nouvelle maniére de calculer l'éloignement d'une étoile fixe. On ne fçait encore quel philofophe trouva le probleme de la roulette.

Quoi qu'il en foit, c'eft par cette géometrie de l'infini que Mr. Newton eft parvenu aux plus fublimes connoiffances. Il me refte à vous parler d'un autre ouvrage plus à la portée du genre humain, mais qui fe fent toûjours de cet efprit créateur que Mr. Newton portoit dans toutes fes recherches. C'eft une Chronologie toute nouvelle; car dans tout ce qu'il entreprenoit il falloit qu'il changeât les idées receuës par les autres hommes.

Accoutumé à debrouiller des cahos, il a voulu porter au moins quelque lumiere dans celui des fables anciennes confonduës avec l'hiftoire, & fixer une chronologie incertaine. Il eft vrai qu'il n'y a point de famille, de ville, de nation, qui ne cherche à reculer fon origine. De plus, les premiers hiftoriens font les plus negligens à marquer les dattes. Les livres étoient moins communs mille fois qu'aujourd'hui, par confequent étant moins expofés à la critique, on trompoit le monde plus impunément ; & puifqu'on a evidemment fuppofé des faits, il eft affez probable qu'on a auffi fuppofé des dattes.

EN general, il parut à Mr. Newton que le monde étoit de cinq cens ans plus jeune que les chronologiftes ne le difent. Il fonde fon idée fur le cours ordinaire de la nature, & fur les obfervations aftronomiques.

ON entend ici par le cours de la nature, le tems de chaque generation des hommes. Les Egyptiens s'étoient fervis les premiers de cette maniere incertaine de compter, quand ils voulurent écrire les commencements de leur hiftoire. Ils comptoient 341 generations depuis Menés jufqu'à Sethon ; & n'ayant pas de dattes fixes, ils evaluerent trois generations à 100 ans. Ainfi ils compterent du regne de Menés

nés au regne de Sethon 11340 années.

Les Grecs, avant de compter par olympiades, fuivirent la méthode des Egyptiens, & étendirent un peu la durée des generations, pouffant chaque generation jufqu'à quarante années.

Or en cela les Egyptiens & les Grecs fe tromperent dans leur calcul; il eft bien vrai, que felon le cours ordinaire de la nature, trois generations font environ cent à fix vingt ans. Mais il s'en faut bien que trois regnes tiennent ce nombre d'années. Il eft très evident, qu'en general les hommes vivent plus long tems que les Roys ne regnent. Ainfi un homme qui voudra écrire l'hiftoire fans avoir des dattes précifes, & qui fçaura qu'il y a eu neuf Rois chez une nation, aura grand tort s'il compte 300 ans pour ces neuf Rois. Chaque generation eft d'environ 30 ans; chaque regne eft d'environ vingt, l'un portant l'autre. Prenez les 30 Rois d'Angleterre depuis Guillaume le conquerant jufqu'à George premier, ils ont regné 648 ans, ce qui reparti sur les 30 Rois donne à chacun 21 ans & demi de regne. Soixante trois Rois de France ont regné, l'un portant l'autre, chacun à peu près vingt ans. Voilà le cours ordinaire de la nature. Donc les anciens se sont trompés quand ils ont égalé en general la durée des regnes à la durée des generations ; donc ils ont trop compté ; donc il est à propos de retrancher un peu de leur calcul.

Les observations astronomiques semblent prêter encore un plus grand secours à nôtre philosophe. Il paroit plus fort en combattant sur son terrain.

Vous savés que la terre, outre son mouvement annuel qui l'emporte autour du soleil d'occident en orient dans l'espace d'une année, a encore une revolution singuliere tout à fait inconnuë jusqu'à ces derniers tems. Ses poles ont un mouvement très lent de retrogradation, d'orient en occident ; qui fait que chaque jour leur position ne répond pas precisément au même point du ciel. Cette difference insensible en

une

une année, devient affez forte avec le tems; & au bout de 72 ans on trouve que la difference eft d'un degré, c'eft à dire de la 360 partie de tout le ciel. Ainfi après 72 années le colure de l'equinoxe du printems qui paffoit par une fixe, repond à une autre fixe. De là vient que le foleil, au lieu d'être dans la partie du ciel où étoit le Bellier du tems d'Hipparque, fe trouve répondre à cette partie du ciel où étoit le taureau : & les gemeaux font à la place où le taureau étoit alors. Tous les fignes ont changé de place ; cependant nous retenons toûjours la maniere de parler des anciens. Nous difons que le foleil eft dans le Bellier au printems, par la même condefcendance que nous difons que le foleil tourne.

HIPPARQUE fut le premier chez les Grecs qui s'apperçeut de quelque changement dans les conftellations par rapport aux equinoxes, ou plûtot qui l'apprit des Egyptiens. Les philofophes attribuerent ce mouvement aux étoiles ; car alors on étoit bien loin d'imad'imaginer une telle revolution dans la terre. On la croyoit dans tous fens immobile. Ils créerent donc un ciel où ils attacherent toutes les étoiles, & donnerent à ce ciel un mouvement particulier, qui le faifoit avancer vers l'orient pendant que toutes les étoiles fembloient faire leur route journaliere d'orient en occident. A cette erreur ils en ajoûterent une feconde bien plus effentielle. Ils crurent que le ciel pretendu des étoiles fixes avançoit d'un degré vers l'orient en cent années. Ainfi ils fe tromperent dans leur calcul aftronomique aufli bien que dans leur fifteme phifique. Par exemple, un aftronome auroit dit alors, l'equinoxe du printems a été du tems d'un tel obfervateur dans un tel figne, à une telle étoile. Il a fait deux degrés de chemin depuis cet obfervateur jufqu'à nous. Or deux degrés valent 200 ans, donc cet obfervateur vivoit 200 ans avant moi. Il eft certain qu'un aftronome qui auroit raifonné ainfi, fe feroit trompé juftement

ment de cinquante quatre ans. Voilà pourquoi les anciens, doublement trompez, compoſerent leur grande année du monde, c'eſt à dire, de la revolution de tout le ciel, d'environ 36000 ans. Mais les modernes ſçavent, que cette revolution imaginaire du ciel, des étoiles, n'eſt autre choſe que la revolution des poles de la terre qui ſe fait en 25900 ans. Il eſt bon de remarquer ici en paſſant, que Mr. Newton en determinant la figure de la terre, a très heureuſement expliqué la raiſon de cette revolution.

Tout ceci poſé, il reſte pour fixer la chronologie, de voir par quelle étoile le collure des equinoxes coupe aujourd'hui l'ecliptique au printems, & de ſçavoir s'il ne ſe trouve point quelque ancien qui nous ait dit en quel point l'ecliptique étoit coupé de ſon tems, par le même collure des equinoxes.

Clement Alexandrin rapporte, que Chiron qui étoit de l'expedition des Argonautes, obſerva les conſtellations au tems de cette fameuſe expedition

dition, & fixa l'equinoxe du printems au milieu du bellier, l'equinoxe d'automne au milieu de la balance, le folftice de nôtre eté au milieu du cancre, & le folftice d'hiver au milieu du capricorne.

Long tems après l'expedition des Argonautes, & un an avant la guerre du Peloponnefe, Methon obferva que le point du folftice d'eté, paffoit par le fixiéme degré du cancre.

Or chaque figne du zodiaque eft de 30 degrés. Du tems de Chiron le folftice étoit à la moitié du figne, c'eft à dire au quinziéme degré; un an avant la guerre du Peloponefe, il étoit au huitiéme, donc il avoit retardé de fept degrés (un degré vaut 72 ans) donc du commencement de la guerre du Peloponefe, à l'entreprife des Argonautes, il n'y a que fept fois 72 ans, qui font 504 ans, & non pas 700 années comme le difoient les Grecs. Ainfi en comparant l'état du ciel d'aujourdhui à l'état où il étoit alors, nous voyons que l'expedition des Argonautes

gonautes doit être placée 900 ans avant Jefus Chrift, & non pas environ 1400 ans; & que par confequent, le monde eft moins vieux d'environ 500 ans qu'on ne penfoit. Par là toutes les époques font rapprochées, & tout eft fait plus tard qu'on ne le dit. Je ne fçay fi ce fifteme ingenieux fera une grande fortune, & fi on voudra fe refoudre fur ces idées à reformer la chronologie du monde. Peut-être les fçavans trouveroient ils que c'en feroit trop, d'accorder à un même homme l'honneur d'avoir perfectionné à la fois la phifique, la géometrie, & l'hiftoire; ce feroit une efpece de monarchie univerfelle dont l'amour propre s'accommode mal aifément. Auffi dans les tems que de très grands philofophes l'attaquoient fur l'attraction, d'autres combattoient fon fyfteme chronologique. Le tems qui devroit faire voir à qui la victoire eft deuë, ne fera peut-être que laiffer la difpute indecife.

DIX.

DIX-HUITIE'ME LETTRE SUR LA TRAGEDIE.

LES Anglois avoient deja un Théatre auffi bien que les Efpagnols, quand les François n'avoient encore que des treteaux. Shakefpear, qui paffoit pour le Corneille des Anglois, fleuriffoit à peu prés dans le tems de Lopez de Vega; ils crea le Théatre, il avoit un genie plein de force & de fecondité, de naturel & de fublime, fans la moindre etincelle de bon goût, & fans la moindre connoiffance des regles. Je vais vous dire une chofe hazardée, mais vraie, c'eft

que

SUR LES ANGLOIS. 159

que le merite de cet Auteur a perdu le Théatre Anglois; il y a de si belles Scenes, des morceaux si grands & si terribles repandûs dans ses farces monstrueuses qu'on appelle Tragedies, que ces pieces ont toûjours été jouées avec un grand succés. Le tems qui seul fait la reputation des hommes, rend à la fin leurs deffauts respectables. La pluspart des idées bizarres & gigantesques de cet Auteur, ont acquis, au bout de 150 ans, le droit de passer pour sublimes. Les auteurs modernes l'ont presque tous copiés. Mais ce qui reussissoit en Shakespear, est sifflé chez eux, & vous croyez bien que la veneration qu'on a pour cet ancien augmente à mesure que l'on meprise les modernes. On ne fait pas reflexion qu'il ne faudroit pas l'imiter, & le mauvais succés des copistes fait seulement qu'on le croit inimitable. Vous savez que dans la Tragedie du More de Venise, piece très touchante, un mari étrangle sa femme sur le Theatre, & que quand la pauvre femme est étranglée, elle
s'écrie

s'écrie qu'elle meurt très injuſtement. Vous n'ignorez pas que dans Hamlet, des foſſoyeurs creuſent une foſſe en buvant, en chantant des vaudevilles, & en faiſant ſur les têtes des morts qu'ils rencontrent, des plaiſanteries convenables à gens de leur metier: mais ce qui vous ſurprendra c'eſt qu'on a imité ces ſotiſes. Sous le regne de Charles ſecond, qui étoit celui de la politeſſe, & l'age des beaux arts, Otway dans ſa Veniſe ſauvée introduit le ſenateur Antonio & ſa courtiſanne Naki au milieu des horreurs de la conſpiration du Marquis de Bedemar. Le vieux ſenateur Antonio fait auprès de ſa courtiſanne toutes les ſingeries d'un vieux debauché impuiſſant & hors du bon ſens. Il contrefait le Taureau & le Chien, il mord les jambes de ſa maitreſſe qui lui donne des coups de pieds & des coups de foüet. On a retranché de la piece d'Otway ces bouffoneries faites pour la plus vile canaille, mais on a laiſſé dans le Jules Ceſar de Shakeſpear les plaiſanteries des cordonniers & des ſavetiers
Romains

Romains, introduits fur la fcene avec Caffius & Brutus. Vous vous plaindrez fans doute que ceux qui jufqu'à prefent vous ont parlé du Théatre Anglois, & fur tout de ce fameux Shakefpear, ne vous aient encore fait voir que fes erreurs, & que perfonne n'ait traduit aucun de ces endroits frapans qui demandent grace pour toutes fes fautes. Je vous repondrai qu'il eft bien aifé de raporter en profe les fotifes d'un Poëte, mais très difficile de traduire fes beaux Vers. Tous les Grimauds qui s'erigent en critiques des Ecrivains celebres, compilent des volumes. J'aimerois mieux deux pages qui nous fiffent connoître quelque beauté ; car je maintiendrai toûjours avec tous les gens de bon goût, qu'il y a plus à profiter dans douze vers d'Homere & de Virgile, que dans toutes les critiques qu'on a fait de ces deux grands hommes.

J'ai hazardé de traduire quelques morceaux des meilleurs Poëtes Anglois, en voici un de Shakefpear. Faites grace à la copie en faveur de l'original,

L &

& souvenez vous toûjours quand vous voyez une traduction, que vous ne voyez qu'une foible estampe d'un beau tableau. J'ay choisi le monologue de la Tragedie de Hamlet qui est seu de tout le monde, & qui commence par ce vers,

To be, or not to be! that is the Question! &c.

C'est Hamlet prince de Dannemark qui parle.

Demeure, il faut choisir & passer à l'instant
De la vie à la mort, ou de l'être au neant.
Dieux cruels, s'il en est, éclairez mon courage.
Faut-il vieillir courbé sous la main qui m'outrage,
Supporter, ou finir mon malheur & mon sort?
Qui suis je? Qui m'arrête! & qu'est ce que la Mort?

C'est

C'est la fin de nos maux, c'est mon unique azile;
Après de long transports, c'est un sommeil tranquile.
On s'endort, & tout meurt, mais un affreux reveil
Doit succeder peut etre aux douceurs du sommeil!
On nous menace, on dit que cette courte Vie
De tourmens éternels est aussi-tôt suivie.
O Mort! moment fatal! affreuse eternité!
Tout cœur à ton seul nom se glace épouvanté.
Eh! qui pourroit sans toi supporter cette vie;
De nos Prêtres menteurs benir l'hypocrisie;
D'une indigne Maitresse encenser les erreurs;
Ramper sous un Ministre, adorer ses hauteurs;
Et montrer les langueurs de son ame abattuë

A des Amis ingrats qui detournent la vüe ?
La Mort feroit trop douce en ces extrémitez,
Mais le scrupule parle, & nous crie, Arrêtez ;
Il defend à nos mains cet heureux homicide,
Et d'un heros guerrier, fait un chrétien timide, &c.

Ne croyez pas que j'aye rendû ici l'Anglois mot pour mot; malheur au faiseurs de traductions literales, qui traduisant chaque parole enervent le sens. C'est bien là qu'on peut dire que la lettre tuë, & que l'esprit vivifie.

Voici encore un passage d'un fameux Tragique Anglois; c'est Dryden Poëte du tems de Charles second, Auteur plus fecond que judicieux, qui auroit une reputation sans mêlange, s'il n'avoit fait que la dixiéme partie de ses ouvrages, & dont le grand deffaut est d'avoir voulu être universel.

SUR LES ANGLOIS.

Ce morceau commence ainsi :

When I consider Life 'tis all a Cheat,
Yet fool'd by Hope Men favour the Deceit, &c.

De desseins en regrets, & d'erreurs en desirs
Les mortels insensés promenent leur folie :
Dans des malheurs presents, dans l'espoir des plaisirs
Nous ne vivons jamais, nous attendons la vie.
Demain, demain, dit-on, va combler tous nos vœux.
Demain vient, & nous laisse encor plus malheureux.
Quelle est l'erreur, helas ! du soin qui nous dévore,
Nul de nous ne voudroit recommencer son cours.
De nos premiers momens nous maudissons l'aurore,
Et de la nuit qui vient, nous attendons encore

Ce qu'ont en vain promis les plus beaux de nos jours, &c.

C'est dans ces morceaux détachés que les Tragiques Anglois ont jufques icy excellés. Leurs pieces prefque toutes barbares, depourvuës de bien-feance, d'ordre & de vraifemblance, ont des lueurs étonnantes au milieu de cette nuit. Le ftile eft trop empoulé, trop hors de la nature, trop copié des écrivains Hebreux fi remplis de l'enflure Afiatique. Mais auffi il faut avoüer que les echâffes du ftile figuré, fur lefquelles la langue Angloife eft guindée, elevent auffi l'efprit bien haut, quoi que par une marche irreguliere. Le premier Anglois qui ait fait une piece raifonnable, & écrite d'un bout à l'autre avec élegance, c'eft l'illuftre Mr. Addifon. Son Caton d'Utique eft un chef d'œuvre pour la diction, & pour la beauté des vers. Le role de Caton eft à mon gré fort au deffus de celui de Cornelie dans le Pompée de Corneille, car Caton eft grand fans enflûre,

enflûre, & Cornelie, qui d'ailleurs n'eſt pas un perſonnage neceſſaire, viſe quelquefois au galimathias. Le Caton de Mr. Addiſon me paroit le plus beau perſonnage qui ſoit ſur aucun Théatre, mais les autres roles de la piece n'y repondent pas; & cet ouvrage ſi bien écrit eſt defiguré par une intrigue froide d'amour qui repand ſur la piece une langueur qui la tuë.

La coûtume d'introduire de l'amour à tort & à travers dans les ouvrages dramatiques, paſſa de Paris à Londres vers l'an 1660 avec nos rubans & nos perruques. Les femmes qui parent les ſpectacles, comme ici, ne veulent plus ſouffrir qu'on leur parle d'autres choſes que d'amour. Le ſage Addiſon eût la molle complaiſance de plier la ſeverité de ſon caractere aux mœurs de ſon tems, & gata un chef d'œuvre pour avoir voulu plaire.

Depuis lui les pieces ſont devenuës plus regulieres, le peuple plus difficile, les auteurs plus corrects & moins hardis. J'ay veu des pieces nouvelles fort sages, mais froides. Il semble que les Anglois n'ayent étés faits jusqu'ici que pour produire des beautés irregulieres. Les monstres brillants de Shakespear plaisent mille fois plus que la sagesse moderne. Le genie poëtique des Anglois ressemble jusqu'à present à un arbre touffu planté par la nature, jettant au hazard mille rameaux, & croissant inégalement avec force. Il meurt si vous voulez forcer sa nature, & le tailler en arbre des Jardins de Marli.

DIX-NEUVIE'ME LETTRE.
SUR LA COMEDIE.

JE ne sçay comment le sage & ingenieux M. de Muralt, dont nous avons les Lettres sur les Anglois & sur les François, s'est borné, en parlant de la Comedie, à critiquer un Comique nommé Shadwell. Cet autheur étoit assez meprisé de son tems. Il n'étoit point le Poëte des honnêtes gens. Ses pieces, goutées pendant quelques representations par le peuple, étoient dedaignées par tous les gens de bon goût, & ressembloient à tant de pieces que j'ai vû en France attirer la foule & revolter

volter les lecteurs, & dont on a pû dire, tout Paris les condamne, & tout Paris les court. Mr. de Muralt auroit dû ce semble nous parler d'un autheur excellent qui vivoit alors, c'étoit Mr. Wicherley qui fut long tems l'Amant declaré de la Maitresse la plus illustre de Charles second. Cet homme qui passoit sa vie dans le plus grand monde, en connoissoit parfaitement les vices & les ridicules ; & les peignoit du pinceau le plus ferme, & des couleurs les plus vraies. Il a fait un Misantrope qu'il a imité de Moliere. Tous les traits de Wicherley sont plus forts & plus hardis que ceux de nôtre Misantrope ; mais aussi ils ont moins de finesse & de bienséance. L'autheur Anglois a corrigé le seul defaut qui soit dans la piece de Moliere ; ce defaut est le manque d'intrigue & d'interêt. La piece Angloise est interessante, & l'intrigue en est ingenieuse : elle est trop hardie, sans doute, pour nos mœurs, c'est un Capitaine de Vaisseau plein de valeur, de franchise & de mepris pour le genre humain.

Il

Il a un ami sage & sincere dont il se defie, & une maîtresse dont il est tendrement aimé, sur laquelle il ne daigne pas jetter les yeux ; au contraire, il a mis toute sa confiance dans un faux ami qui est le plus indigne homme qui respire, & il a donné son cœur à la plus coquette & à la plus perfide de toutes les femmes. Il est bien assuré que cette femme est une Penelope, & ce faux ami un Caton. Il part pour s'aller battre contre les Hollandois, & laisse tout son argent, ses pierreries, & tout ce qu'il a au monde à cette femme de bien, & recommande cette femme elle même à cet ami fidel sur lequel il compte si fort. Cependant le veritable honnête homme, dont il se defie tant, s'embarque avec lui, & la maîtresse qu'il n'a pas seulement daigné regarder, se déguise en Page, & fait le voyage sans que le capitaine s'aperçoive de son sexe de toute la campagne.

LE Capitaine ayant fait sauter son vaisseau dans un combat, revient à Londres, sans secours, sans vaisseau, &

sans

sans argent, avec son Page & son ami, ne connoissant ni l'amitié de l'un ni l'amour de l'autre. Il va droit chez la perle des femmes, qu'il compte retrouver avec sa cassette & sa fidelité. Il la retrouve mariée avec l'honnête fripon à qui il s'étoit confié, & on ne lui a pas plus gardé son depôt que le reste. Mon homme a toutes les peines du monde à croire qu'une femme de bien puisse faire de pareils tours; mais pour l'en convaincre mieux, cette honnête dame devient amoureuse du petit Page, & veut le prendre à force; mais comme il faut que justice se fasse, & que dans une piece de théatre, le vice soit puni, & la vertu recompensée; il se trouve à fin du compte, que le capitaine se met à la place du Page, couche avec son Infidelle, fait cocu son traitre ami, lui donne un bon coup d'epée à travers du corps, reprend sa cassette, & epouse son Page. Vous remarquerez qu'on a encore lardé cette piece d'une Comtesse de Pimbesche, vieille plaideuse, parente
du

du capitaine, laquelle eſt bien la plus plaiſante creature & le meilleur caractere qui ſoit au théatre.

WYCHERLEY a encore tiré de Moliere une piece non moins ſinguliere, & non moins hardie, c'eſt une eſpece d'école des femmes.

LE principal perſonnage de la piece eſt un drole à bonnes fortunes, la terreur des maris de Londres, qui pour être plus ſûr de ſon fait, s'aviſe de faire courir le bruit, que dans ſa derniere maladie les Chirurgiens ont trouvés à propos de le faire Eunuque. Avec cette belle reputation tous les maris lui amenent leurs femmes, & le pauvre n'eſt plus embaraſſé que du choix. Il donne ſurtout la préference à une petite compagnarde qui a beaucoup d'innocence & de temperament; & qui fait ſon mari cocu avec une bonne foi qui vaut mieux que la malice des dames les plus expertes. Cette piece n'eſt pas, ſi vous voulez, l'école des bonnes mœurs, mais en verité c'eſt l'école de l'eſprit & du bon comique.

Un

Un Chevalier Vanbrugh a fait des Comedies encore plus plaisantes, mais moins ingenieuses. Le Chevalier étoit un homme de plaisir, & par dessus cela Poëte & Architecte. On pretend qu'il écrivoit avec autant de delicatesse & d'élegance qu'il batissoit grossierement. C'est lui qui a bati le fameux Chateau de Blenheim, pésant & durable monument de nôtre malheureuse bataille d'Hocstet. Si les apartemens étoient seulement aussi larges que les murailles sont épaisses, ce chateau seroit assez commode.

On a mis dans l'Epitaphe de Vanbrugh, qu'on souhaitoit que la terre ne lui fut point legere, attendu que de son vivant il l'avoit si inhumainement chargée.

Ce Chevalier ayant fait un tour en France avant la belle guerre de 1701, fut mis à la Bastille, & y resta quelque tems sans avoir jamais pû sçavoir ce qui lui avoit attiré cette distinction de la part de nôtre ministere. Il fit une comedie à la Bastille, & ce qui est
à mon

à mon sens fort étrange, c'est qu'il n'y a dans cette piece aucun trait contre le païs dans lequel il essuya cette violence.

Celui de tous les Anglois qui a porté le plus loin la gloire du théatre comique, est feu Mr. Congrave. Il n'a fait que peu de pieces, mais toutes sont excellentes dans leur genre. Les regles du théatre y sont rigoureusement observés; elles sont pleines de caracteres nuancés avec une extreme finesse; on n'y essuye pas la moindre mauvaise plaisanterie; vous y voyez par tout le langage des honnêtes gens avec des actions de fripon; ce qui prouve qu'il connoissoit bien son monde, & qu'il vivoit dans ce qu'on appelle la bonne compagnie. Il étoit infirme & presque mourant quand je l'ai connu. Il avoit un defaut, c'étoit de ne pas assez éstimer son premier metier d'autheur, qui avoit fait sa reputation & sa fortune. Il me parloit de ses ouvrages comme de bagatelles au dessous de lui; & me dit à la premiere

miere converfation, de ne le voir que fur le pied de gentilhomme qui vivoit trés nniment. Je lui repondis, que s'il avoit eu le malheur de n'être qu'un gentilhomme comme un autre, je ne le ferois jamais venu voir, & je fus très choqué de cette vanité fi mal placée.

Ses pieces font les plus fpirituelles & les plus exactes, celles de Vanbrugh les plus gaies, & celles de Wycherley les plus fortes. Il eft à remarquer, qu'aucun de ces beaux efprits n'a mal parlé de Moliere: il n'y a que les mauvais autheurs Anglois qui aient dit du mal de ce grand homme. Ce font les mauvais Muficiens d'Italie qui meprifent Lully, mais un Buononcini l'eftime & lui rend juftice.

L'Angleterre a encore de bons Poëtes Comiques, tels que le Chevalier Steele, & Mr. Cibber excellent comedien, & d'ailleurs Poëte du Roi; titre qui paroit ridicule, mais qui ne laiffe pas de donner mille écus de rente & de beaux privileges. Nôtre grand Corneille n'en a pas eu tant.

Au

Au reste, ne me demandez pas que j'entre ici dans le moindre detail de ces pieces Angloises dont je suis si grand partisan, ni que je vous rapporte un bon mot ou une plaisanterie des Wycherleys & des Congreves ; on ne rit point dans une traduction. Si vous voulez connoître la Comedie Angloise, il n'y a d'autre moïen pour cela que d'aller à Londres, d'y rester trois ans, d'aprendre bien l'Anglois, & de voir la Comedie tous les jours. Je n'ai pas grand plaisir en lisant Plaute & Aristophane; pourquoi? c'est que je ne suis ni Grec, ni Romain. La finesse des bons mots, l'allusion, l'à propos, tout cela est perdu pour un étranger.

Il n'en est pas de même dans la Tragedie. Il n'est question chez elle que de grandes passions, & de sottises heroïques consacrées par de vieilles erreurs de fables ou d'histoire. Oedipe, Electre apartiennent aux Espagnols, aux Anglois, & à nous comme aux Grecs. Mais la bonne Comedie eſt la peinture parlante des ridicules d'une nation, & ſi vous ne connoiſſez pas la nation à fond vous ne pouvez juger de la peinture.

VINGTIE'ME LETTRE.

SUR LES SEIGNEURS

Qui cultivent les

LETTRES.

IL a été un tems en France où les beaux Arts étoient cultivés par les premiers de l'état. Les Courtisans sur tout s'en mêloient malgré la dissipation, le goût des riens, la passion pour l'intrigue, toutes Divinités du Pays. Il me paroît qu'on est actuellement à la Cour dans tout un autre goût que celui des Lettres; peut-être dans peu de tems la mode de penfer reviendrat-elle. Un Roi n'a qu'à vouloir. On fait de cette nation-ci tout ce qu'on veut. En Angleterre communément on penfe, & les Lettres y font plus en honneur qu'ici. Cet avantage eft une fuite neceffaire de la forme de leur gouvernement. Il y à Londres environ huit cent perfonnes qui ont le droit de parler en public, & de foûtenir les interêts de la Nation. Environ cinq ou fix mille pretendent au même honneur à leur tour. Tout le refte s'erige en juge de tous ceux-ci, & chacun peut faire imprimer ce qu'il penfe fur les affaires publiques; ainfi toute la nation eft dans la neceffité de s'inftruire. On n'entend parler que des gouvernemens d'Athenes & de Rome. Il faut bien malgré qu'on en ait, lire les autheurs qui en ont traité. Cette étude conduit naturellement aux Belles Lettres. En general les hommes ont l'efprit de leur êtat. Pourquoi d'ordinaire nos magiftrats, nos avocats,

nos

nos medecins, & beaucoup d'ecclefiaftiques, ont ils plus des lettres, de goût & d'efprit que l'on n'en trouve dans toutes les autres profeffions? C'eft que réellement leur état eft d'avoir l'efprit cultivé, comme celui d'un marchand eft de connoître fon negoce. Il n'y a pas long tems qu'un Seigneur Anglois fort jeune me vint voir à Paris, en revenant d'Italie. Il avoit fait en vers une defcription de ce païs-là auffi poliment écrite que tout ce qu'ont fait le Comte de Rochefter, & nos Chaulieux, nos Sarafins, & nos Chapelles. La traduction que j'en ai faite eft fi loin d'atteindre à la force & à la bonne plaifanterie de l'original, que je fuis obligé d'en demander ferieufement pardon à l'autheur, & à ceux qui entendent l'Anglois. Cependant comme je n'ai pas d'autre moyen de faire connoître les vers de Mylord.... les voici dans ma langue.

Qu'ay-je donc vû dans l'Italie ?
Orgueil, Astuce, & Pauvreté,
Grands Complimens, peu de Bonté
Et beaucoup de Ceremonie.

L'extravagante Comedie,
Que souvent l'Inquisition *
Veut qu'on nomme Religion ;
Mais qu'ici nous nommons Folie.

La Nature en vain bienfaisante
Veut enricher ces Lieux charmans,
Des Prêtres la main desolante
Etouffe ses plus beaux présens.

Les Monsignors, soy disant Grands,
Seuls dans leurs Palais magnifiques
Y sont d'illustres faineants,
Sans argent, & sans domestiques.

Pour les Petits, sans liberté,
Martyrs du joug qui les domine,

---

* Il entend sans doute les Farces que certains Predicateurs jouent dans les places publiques.

Ils

Ils ont fait vœu de pauvreté,
Priant Dieu par oisiveté
Et toûjours jeunant par famine.

Ces beaux lieux du Pape benis
Semblent habitez par les Diables ;
Et les Habitans miserables
Sont damnez dans le Paradis.

VINGT-ET-UNIE'ME LETTRE.

SUR LE

Comte de Rochester

et

Mr. *WALLER*.

Tout le monde connoit la reputation du Comte de Rochester. Mr. de St. Evremond en a beaucoup parlé, mais il ne nous a fait connoître du fameux Rochester, que l'homme de plaisir, l'homme à bonnes fortunes. Je voudrois faire connoître en lui l'homme de genie, & le grand poëte. Entr'autres ouvrages qui brilloient de cette imagination ardente qui n'apartenoit

tenoit qu'à lui, il a fait quelques Satires sur les mêmes sujets que nôtre celebre Despreaux avoit choisis. Je ne sçai rien de plus utile pour se perfectionner le goût, que la comparaison des grands genies qui se sont exercés sur les mêmes matieres. Voici comme Mr. Despreaux parle contre la raison humaine dans sa Satire sur l'Homme:

Cependant à le voir plein de vapeurs légeres,
Soi-même se bercer de ses propres chimeres,
Lui seul de la nature est la baze & l'appui,
Et le dixiéme ciel ne tourne que pour lui.
De tous les Animaux il est ici le Maître;
Qui pourroit le nier, poursuis tu? Moi peut-être.
Ce maître prétendu qui leur donne des loix,
Ce Roi des Animaux, combien a-t-il de Rois?

Voici

Voici à peu près comme s'exprime le Comte de Rochester dans sa Satire sur l'Homme. Mais il faut que le Lecteur se ressouvienne toûjours que ce sont ici des traductions libres des Poëtes Anglois, & que la gêne de nôtre versification, & les bienséances délicates de nôtre langue, ne peuvent donner l'equivalent de la licence impetueuse du stile Anglois.

Cet esprit que je hais, cet esprit plein d'erreur,
Ce n'est pas ma raison, c'est la tienne, Docteur.
C'est la raison frivôle, inquiete, orgueilleuse
Des sages Animaux, rivale dédaigneuse,
Qui croit entr'eux & l'Ange occuper le milieu,
Et pense être ici bas l'image de son Dieu.
Vil atôme imparfait, qui croit, doute, dispute,
      Rampe,

Rampe, s'éleve, tombe, & nie encor sa chûte.
Qui nous dit je suis libre, en nous montrant ses fers,
Et dont l'œil trouble & faux croit percer l'univers.
Allez, Reverends Foûs, bienheureux Fanatiques,
Compilez bien l'Amas de vos Riens scholastiques,
Peres de Visions, & d'Enigmes sacrez,
Auteurs du Labirinthe, où vous vous égarez;
Allez obscurément éclaircir vos misteres,
Et courez dans l'école adorer vos chimeres.
Il est d'autres erreurs, il est de ces dévots
Condamnés par eux mêmes à l'ennui du repos.
Ce mystique encloîtré, fier de son indolence
Tranquille au sein de Dieu; qu'y peut il faire? Il pense.

Non,

Non, tu ne penses point, misérable, tu dors :

Inutile à la terre, & mis au rang des morts.

Ton esprit enervé croupit dans la Molesse.

Reveille toi, sois homme, & sors de ton Yvresse.

L'homme est né pour agir, & tu pretens penser ?

Que ces idées soient vraies ou fausses, il est toûjours certain qu'elles sont exprimées avec une énergie qui fait le Poëte. Je me garderai bien d'examiner la chose en Philosophe, & de quitter ici le pinceau pour le compas : mon unique bût dans cette lettre est de faire connoître le genie des Poëtes Anglois, & je vais continuer sur ce ton.

On a beaucoup entendu parler du celebre Waller en France. Mr. de la Fontaine, St. Evremond & Bayle ont faits son eloge ; mais on ne connoît de lui que son nom. Il eut à peu près à Londres la même reputation que Voiture

ture eut à Paris, & je crois qu'il la meritoit mieux. Voiture vint dans un tems où l'on fortoit de la barbarie, & où l'on étoit encore dans l'ignorance. On vouloit avoir de l'efprit, & on n'en avoit point encore. On cherchoit des tours au lieu de penfées. Les faux brillans fe trouvent plus aifément que les pierres precieufes. Voiture né avec un genie frivole & facile, fut le premier qui brilla dans cette aurore de la Literature Françoife. S'il étoit venu après les grands hommes qui ont illuftré le fiecle de Loüis XIV, ou il auroit été inconnu, ou on n'auroit parlé de lui que pour le méprifer, ou il auroit corrigé fon ftile. Mr. Defpreaux le louë, mais c'eft dans fes premieres Satires, c'eft dans le tems que le goût de Defpreaux n'étoit pas encore formé: il étoit jeune, & dans l'âge où l'on juge des hommes, par la reputation & non pas par eux mêmes. D'ailleurs, Mr. Defpreaux étoit fouvent bien injufte dans fes loüanges & dans fes cenfures. Il loüoit Segrais que perfonne sonne ne lit, il insultoit Quinault que tout le monde sçait par cœur, & il ne dit rien de la Fontaine. Waller meilleur que Voiture, n'étoit pas encore parfait. Ses ouvrages galans respirent la grace, mais la negligence les fait languir, & souvent les pensées fausses les defigurent. Les Anglois n'étoient pas encore parvenus de son tems à écrire avec correction. Ses ouvrages serieux sont pleins d'une vigueur qu'on n'attendroit pas de la molesse de ses autres pieces. Il a fait un éloge funebre de Cromwel, qui avec ses defauts passe pour un chef d'œuvre. Pour entendre cet ouvrage, il faut savoir que Cromwel mourut le jour d'une tempête extraordinaire. La Piece commence ainsi.

Il n'est plus, c'en est fait, soumettons nous au sort,
Le ciel a signalé ce jour par des tempêtes,
Et la voix des tonnerres éclatant sur nos têtes
       Vient

Vient d'annoncer sa mort.

Par ses derniers soupirs il ébranle cette Isle,
Cette Isle que son bras fit trembler tant de fois,
Quand dans le cours de ses Exploits,
Il brisoit la tête des Rois,
Et soumettoit un peuple à son joug seul docile.

Mer, tu t'en és troublée; O Mer, tes flots émus
Semblent dire en grondant aux plus lointains rivages
Que l'effroi de la terre & ton Maître n'est plus.

Tel au ciel autrefois s'envola Romulus,
Tel il quita la Terre, au milieu des orages,
Tel d'un peuple guerrier il reçut les homages;
Obéï dans sa vie, à sa mort adoré,
Son palais fut un Temple, &c.

C'EST

C'est à propos de cet éloge de Cromwel que Waller fit au Roi Charles II. cette réponse qu'on trouve dans le Dictionnaire de Bayle. Le Roi, à qui Waller venoit selon l'usage des Rois & des Poëtes, de presenter une Piece farcie de loüanges, lui reprocha qu'il avoit fait mieux pour Cromwel. Waller repondit, Sire, nous autres poëtes nous réüssissons mieux dans les fictions que dans les véritez. Cette réponse n'étoit pas si sincere que celle de l'ambassadeur Hollandois qui, lorsque le même Roi se plaignoit que l'on avoit moins d'egards pour lui que pour Cromwel, répondit, Ah! Sire, ce Cromwel étoit toute autre chose. Mon but n'est pas de faire un commentaire sur le caractere de Waller, ni de personne. Je ne considere les gens après leur mort que par leurs ouvrages, tout le reste est pour moi aneanti. Je remarque seulement, que Waller né à la Cour avec soixante mille livres de rente n'eut jamais ni le sot orgueïl, ni la nonchalance d'abandonner son talent

lent. Les Comtes de Dorset & de Roscommon, les deux Ducs de Buckingham, Milord Halifax, & tant d'autres, n'ont pas cru déroger en devenant de très grands Poëtes & d'illustres écrivains. Leurs ouvrages leur font plus d'honneur que leurs noms. Ils ont cultivés les lettres comme s'ils en eussent attendu leurs fortunes. Ils ont de plus rendu les arts respectables aux yeux du peuple, qui en tout a besoin d'être mené par les Grands, & qui pourtant se regle moins sur eux en Angleterre qu'en aucun lieu du monde.

VINGT-DEUZIE'ME LETTRE.

SUR

Mr. *POPE*

Et quelques autres

POETES FAMEUX.

JE voulois vous parler de Mr. Prior un des plus aimables poëtes d'Angleterre, que vous avez vû ici Plenipotentiaire & Envoïé Extraordinaire en 1712. Je comptois vous donner aussi quelque idée des poësies de Milord Roscommon, de Milord Dorset; mais

je

je sens qu'il me faudroit faire un gros livre, & qu'après bien de la peine, je ne vous donnerois qu'une idée fort imparfaite de tous ces ouvrages. La poësie est une espece de musique, il faut l'entendre pour en juger. Quand je vous traduis quelques morceaux de ces poësies étrangeres, je vous notte imparfaitement leur musique; mais je ne puis exprimer le goût de leur chant.

Il y a surtout un poëme Anglois que je désespererois de vous faire connoître, il s'appelle *Hudibras*. Le sujet est la guerre civile, & la secte des Puritains tournée en ridicule. C'est Don Quichotte, c'est nôtre Satire Menippée fondus ensemble. C'est de tous les livres que j'ai jamais leu, celui où j'ay trouvé le plus d'esprit, mais c'est aussi le plus intraduisible. Qui croiroit qu'un livre qui saisit tous les ridicules du genre humain, & qui a plus de pensées que de mots, ne pût souffrir la traduction? C'est que presque tout y fait allusion à des avantures particulieres. Le plus grand ridicule

tombe furtout fur les Théologiens que peu de gens du monde entendent. Il faudroit à tout moment un commentaire, & la plaifanterie expliquée ceffe d'être plaifanterie. Tout commentateur de bons mots eft un fot. Voilà pourquoi on n'entendra jamais bien en France les livres de l'ingenieux Docteur Swift, qu'on appelle le Rabelais d'Angleterre. Il a l'honneur d'être Prêtre comme Rabelais, & de fe moquer de tout comme lui. Mais on lui fait grand tort, felon mon petit fens, de l'appeller de ce nom. Rabelais dans fon extravagant & inintelligible Livre a repandu une extreme gaïeté & une plus grande impertinence. Il a prodigué l'erudition, les ordures, & l'ennui. Un bon conte de deux pages eft acheté par des volumes de fottifes. Il n'y a que quelques perfonnes d'un goût bizarre qui fe piquent d'entendre & d'eftimer tout cet ouvrage. Le refte de la nation rit des plaifanteries de Rabelais & méprife le livre; on le regarde comme le premier des boufons. On
eft

est fâché qu'un homme qui avoit tant d'esprit en ait fait un si miserable usage. C'est un philosophe yvre, qui n'a écrit que dans le tems de son yvresse.

Mr. Swift est Rabelais dans son bon sens, & vivant en bonne compagnie. Il n'a pas à la verité la gaïeté du premier; mais il a toute la finesse, la raison, le choix, le bon goût qui manque à nôtre Curé de Meudon. Ses vers sont d'un goût singulier & presque inimitable. La bonne plaisanterie est son partage en vers & en prose, mais pour le bien entendre il faut faire un petit voyage dans son païs.

Vous pouvés plus aifément vous former quelque idée de Mr. Pope. C'est je crois le poëte le plus élégant, le plus correct, & ce qui est encore beaucoup, le plus harmonieux qu'ait eu l'Angleterre. Il a reduit les siflemens aigres de la trompette Angloise aux sons doux de la flute. On peut le traduire parce qu'il est extrêmement clair, & que ses sujets pour la plûpart sont generaux & du ressort de toutes les Nations.

On connoîtra bien-tot en France son Essay sur la Critique, par la traduction en vers qu'en fait Mr. l'Abé du Renel.

Voici un morceau de son poëme de la Boucle de Cheveux, que je viens de traduire avec ma liberté ordinaire: car encore une fois, je ne sçay rien de pis que de traduire un poëme mot pour mot:

Umbriel à l'instant, vieil Gnome rechigné,
Va d'une aîle pesante & d'un air renfrogné
Chercher en murmurant la caverne profonde,
Où loin des doux raïons que répand l'œil du monde
La Déesse aux vapeurs a choisi son séjour:
Les tristes Aquilons y sislent à l'entour,

Et

Et le soufle mal sain de leur aride ha-
leine
Y porte aux environs la fievre & la
migraine.
Sur un riche Sofa derriere un Para-
vent
Loin des flambeaux, du bruit, des
parleurs & du vent,
La quinteuse Déesse incessamment re-
pose,
Le cœur gros de chagrin, sans en sa-
voir la cause.
N'aiant pensé jamais, l'esprit toû-
jours troublé,
L'œil chargé, le teint pâle, & l'hy-
pocondre enflé.
Le medisante Envie, est assise auprès
d'elle,
Vieil spectre féminin, décrépite pu-
celle,
Avec un air devot déchirant son pro-
chain,
Et chansonnant les gens, l'Evangile
à la main.
Sur un lit plein de fleurs negligem-
ment panchée

Une jeune Beauté non loin d'elle est couchée,
C'est l'Affectation qui graſſäie en parlant,
Ecoute sans entendre, & lorgne en regardant.
Qui rougit sans pudeur, & rit de tout sans joïe,
De cent maux différens prétend qu'elle est la proïe;
Et pleine de santé sous le rouge & le fard,
Se plaint avec moleſſe, & se pâme avec art.

Si vous lisiez ce morceau dans l'original au lieu de le lire dans cette foible traduction, vous le compareriez à la description de la Moleſſe dans le Lutrin. En voilà bien honnêtement pour les Poëtes Anglois. Je vous ai touché un petit mot de leurs philosophes. Pour de bons Historiens je ne leur en connois pas encore. Il a falu qu'un François ait écrit leur Histoire. Peut-être le genie Anglois qui est ou froid ou impétueux,

tueux, n'a pas encore faifi cette éloquence naïve, & cet air noble & fimple de l'Hiftoire. Peut-être auffi l'efprit de parti qui fait voir trouble, a decredité tous leurs Hiftoriens. La moitié de la nation eft toûjours l'ennemie de l'autre. J'ay trouvé des gens qui m'ont affuré que Milord Marlborough étoit un poltron, & que Mr. Pope étoit un fot; comme en France quelques Jefuites trouvent Pafcal un petit efprit, & quelques Janfeniftes difent que le Pere Bourdaloüe n'étoit qu'un bavard.

Marie Stuart eft une fainte Heroïne pour les Jacobites; pour les autres c'eft une debauchée, adultere, homicide. Ainfi en Angleterre on a des factums & point d'Hiftoire. Il eft vrai qu'il y a à prefent un Mr. Gordon excellent traducteur de Tacite, très capable d'écrire l'Hiftoire de fon païs. Mais Mr. Rapin de Thoyras l'a prevenu. Enfin il me paroit que les Anglois n'ont point de fi bons Hiftoriens que nous: qu'ils n'ont point de veritables Tragedies;

qu'ils

qu'ils ont des Comedies charmantes, & des morceaux de poëſie admirables, & des philoſophes qui devroient être les precepteurs du genre humain.

Les Anglois ont beaucoup profité des ouvrages de nôtre langue. Nous devrions à nôtre tour emprunter d'eux après leur avoir preté. Nous ne ſommes venus, les Anglois & nous, qu'après les Italiens qui en tout ont été nos maîtres, & que nous avons ſurpaſ-ſés en quelques choſes. Je ne ſçai à laquelle des trois nations il faudra donner la préference, mais heureux eſt celui qui ſçait ſentir leurs differens merites.

VINGT-TROISIE'ME LETTRE.

SUR LA CONSIDERATION

Qu'on doit aux

GENS DE LETTRES.

NI en Angleterre, ni en aucun pays du monde, on ne trouve des établissemens en faveur des beaux Arts comme en France. Il y a presque par tout des Universitez, mais c'est en France seule qu'on trouve ces utiles encouragemens, pour l'Astronomie, pour toutes les parties des Mathematiques,

pour

pour celle de la Medecine, pour les recherches de l'Antiquité, pour la Peinture, pour la Sculpture, & l'Architecture. Loüis XIV. s'eft immortalifé par toutes ces fondations, & cette immortalité ne lui a pas couté deux cent mille francs par an.

J'AVOUE que c'eft un de mes étonnemens, que le Parlement d'Angleterre qui s'eft avifé de promettre vingt mille Guinées à celui qui feroit la découverte des Longitudes, n'ait jamais penfé à imiter Loüis XIV. dans fa munificence envers les Arts. Le merite trouve à la verité parmi les Anglois d'autres recompenfes plus honorables pour la Nation. Tel eft le refpect que ce peuple a pour les talens, qu'un homme de mérite y fait toûjours fortune. Mr. Addifon en France eut été de quelque Academie, & auroit pû obtenir par le credit de quelques femmes une penfion de 1200 livres; ou bien on l'auroit mis à la Baftille, fous pretexte qu'on auroit apperçu dans fa Tragedie de Caton quelques traits contre
le

le portier d'un homme en place. En Angleterre il a été Secretaire d'Etat. Mr. Newton étoit intendant des monoïes du Royaume. Mr. Congreve avoit une charge importante. Mr. Prior a été Plenipotentiaire. Le docteur Swift eſt Doyen de St. Patrice à Dublin, & y eſt beaucoup plus conſideré que le Primat. Si la religion de Mr. Pope ne lui permet pas d'avoir une place, elle n'empeche pas au moins que ſa belle traduction d'Homere ne lui ait valu 200000 livres. J'ai vû long tems en France l'auteur de Rhadamiſte près de mourir de faim; & le fils d'un des plus grands hommes que la France ait eu, & qui commençoit à marcher ſur les traces de ſon pere, étoit reduit à la miſere ſans Mr. Fagon.

Mais ce qui encourage le plus les Arts en Angleterre, c'eſt la conſideration où ils ſont. Le portrait du premier Miniſtre ſe trouve ſur la cheminée de ſon cabinet: j'ai vû celui de Mr. Pope dans vingt maiſons. Mr. Newton

Newton étoit honoré de son vivant, & l'a été après sa mort comme il devoit l'être. Les principaux de la Nation se sont disputés l'honneur de porter le poïsle à son convoy. Entrés à Westminster, ce ne sont pas les tombeaux des Rois qu'on y admire : ce sont les monumens que la reconnoissance de la Nation a érigé aux grands hommes qui ont contribué à sa gloire. Vous y voyez leurs statues, comme on voyoit dans Athenes celle des Sophocles & des Platons ; & je suis persuadé que la seule veüe de ces glorieux monumens a excité plus d'un esprit, & formé plus d'un grand homme.

On a même reproché aux Anglois d'avoir été trop loin dans les honneurs qu'ils rendent au simple merite. On a trouvé à redire qu'ils aïent enterré dans Westminster la celebre Comedienne Mrs. Oldfield à peu près avec les mêmes honneurs qu'on a rendu à Mr. Newton. Quelques uns ont pretendu qu'ils avoient affecté d'honorer à ce point sa memoire, afin de nous faire sentir
d'avan-

tage la barbare & lâche injuſtice qu'ils nous reprochent, d'avoir jetté à la voirie le corps de Mademoiſelle le Couvreur.

Mais je puis vous aſſurer que les Anglois dans la pompe funebre de Mademoiſelle Oldfield enterrée dans leur St. Denis, n'ont rien conſulté que leur goût. Ils ſont bien éloignés d'attacher de l'infamie à l'art des Sophocles & des Euripides; & de retrancher du corps de leurs citoyens ceux qui ſe devoüent à réciter devant eux des ouvrages dont leur Nation ſe glorifie.

Du tems de Charles premier, & dans le commencement de ces guerres civiles commencées par des rigoriſtes fanatiques, qui eux mêmes en furent enfin les victimes, on écrivoit beaucoup contre les ſpectacles, d'autant plus que Charles premier & ſa femme, fille de nôtre Henry le Grand, les aimoient extremement.

Un Docteur nommé Prynn, ſcrupuleux à toute outrance qui ſe ſeroit cru damné s'il avoit porté une ſoutane au lieu

lieu d'un manteau court, selon l'usage des Presbyteriens, & qui auroit voulu que la moitié des hommes eut massacré l'autre pour la gloire de Dieu & la *Propaganda Fide*, s'avisa d'écrire un fort mauvais livre contre d'assés bonnes Comedies qu'on jouoit tous les jours très innocemment devant le Roi & la Reine. Il cita l'autorité des Rabins & quelques passages de St. Bonaventure pour prouver que l'Oedipe de Sophocle étoit l'ouvrage du malin : que Terence étoit excommunié *ipso facto*: & il ajoûta que sans doute Brutus qui étoit un Jansenifte très severe, n'avoit assassiné César que parceque César qui étoit grand Prêtre, avoit composé une Tragedie d'Oedipe. Enfin il dit que tous ceux qui assistoient à un spectacle étoient des excommuniés qui rénioient leur creme & leur baptême. C'étoit outrager le Roi & toute la Famille Royale. Les Anglois respectoient alors Charles premier. Ils ne voulurent pas souffrir qu'on parlât d'excommunier ce même Prince à qui depuis ils firent couper

couper la tête. Mr. Prynn fut cité devant la chambre étoilée, condamné à voir son beau livre, dont le Pere le Brun a emprunté le sien, brulé par la main du bourreau, & lui à avoir les oreilles coupées. Son procés se voit dans les Actes publics.

On se garde bien en Italie de fletrir l'Opera & d'excommunier le Signor Senesini ou la Signora Cuzzoni. Pour moi j'oserois souhaiter qu'on put supprimer en France je ne sçai quels mauvais livres, qu'on a imprimé contre nos spectacles. Car lorsque les Italiens & les Anglois aprennent, que nous fletrissons de la plus grande infamie, un art dans lequel nous excellons ; que l'on excommunie des personnes gagées par le Roy ; que l'on condamne comme impie un spectacle representé chez des Religieux & dans des Couvents ; qu'on deshonnore des jeux où Loüis quàtorze & Loüis quinze ont été acteurs ; qu'on declare œuvres du Demon des pieces reçuës par les Magistrats les plus sinceres, & representées devant

O une

une Reine vertueufe; quand, dis-je, des étrangers aprennent cette infolence & manque de refpect à l'autorité royale, & cette barbarie gothique qu'on ofe nommer feverité Chretienne, que voulés vous qu'ils penfent de nôtre Nation, & comment peuvent-ils concevoir, ou que nos loix autorifent un art declaré fi infame, ou qu'on ofe marquer de tant d'infamie un art autorifé par les Loix, recompenfé par les Souverains, cultivé par les plus grands hommes, & admiré des Nations; & qu'on trouve chez le même libraire, l'impertinent libelle du Pere le Brun, à coté des ouvrages immortels des Racine, des Corneille, des Moliere, &c.

VINGT-QUATRIÈME LETTRE.

SUR LA SOCIETÉ ROYALE ET SUR LES ACADEMIES.

LES Anglois ont eu long-temps avant nous une Académie des Sciences, mais elle n'est pas si bien reglée que la nôtre, & cela par la seule raison peut-être qu'elle est ancienne ; car si elle avoit été formée après l'Academie de Paris, elle en auroit adopté quelques sages loix, & eut perfectionné les autres.

La Societé Royale de Londres manque de deux choses les plus necessaires aux hommes, des recompenses & des regles. C'est une petite fortune sure à Paris pour un Géometre, pour un Chimiste, qu'une place à l'Academie. Au contraire, il en coute à Londres pour être de la Societé Royale. Quiconque dit en Angleterre, J'aime les Arts, & veux être de la Societé, en est dans l'instant. Mais en France pour être membre & pensionnaire de l'Academie, ce n'est pas assés d'être amateur; il faut être savant, & disputer la place contre des concurrens, d'autant plus redoutables, qu'ils sont animés par la gloire, par l'interêt, par la difficulté même, & par cette inflexibilité d'esprit que donne d'ordinaire l'étude opiniâtre des sciences de calcul.

L'academie des Sciences est sagement bornée à l'étude de la nature, & en verité c'est un champ assez vaste pour occuper cinquante ou soixante personnes. Celle de Londres mêle indifferemment

differemment la Literature à la Phisique. Il me semble qu'il est mieux d'avoir une Académie particuliere pour les Belles Lettres, afin que rien ne soit confondu, & qu'on ne voie point une dissertation sur les coëffures des Romains à côté d'une centaine de courbes nouvelles.

Puisque la Societé de Londres a peu d'ordre & nul encouragement, & que celle de Paris est sur un pied tout opposé, il n'est pas étonnant que les Memoires de nôtre Academie soient superieurs aux leurs. Des soldats bien disciplinés & bien payés, doivent à la longue l'emporter sur des volontaires. Il est vrai que la Societé Royale a eu un Newton, mais elle ne l'a pas produit. Il y avoit même peu de ses confreres qui l'entendissent. Un genie comme Mr. Newton apartenoit à toutes les Academies de l'Europe, parce que toutes avoient beaucoup à aprendre de lui.

Le fameux Docteur Swift forma le deſſein dans les dernieres années du regne de la Reine Anne, d'établir une Académie pour la langue, à l'exemple de l'Academie Françoiſe. Ce projet étoit appuié par le Comte d'Oxford, grand tréſorier, & encore plus par le Vicomte Bolingbroke Secretaire d'Etat, qui avoit le don de parler ſur le champ dans le Parlement avec autant de pureté que Swift écrivoit dans ſon cabinet, & qui auroit été le protecteur & l'ornement de cette Academie. Les membres qui la devoient compoſer étoient des hommes dont les ouvrages dureront autant que la langue Angloiſe. C'étoient ce Docteur Swift, Mr. Prior que nous avons vu ici Miniſtre public, & qui en Angleterre a la même réputation que la Fontaine a parmi nous, c'étoient Mr. Pope le Boileau d'Angleterre, Mr. Congreve qu'on peut en appeller le Moliere, pluſieurs autres dont les noms m'échapent ici, auroient tous fait fleurir cette compagnie

compagnie dans sa naissance. Mais la Reine mourut subitement, les Whigs se mirent dans la tête de perdre les Protecteurs de l'Academie, ce qui, comme vous voiez bien, fut mortel aux Belles Lettres. Les membres de ce corps auroient eu un grand avantage sur les premiers qui composerent l'Academie Françoise. Swift, Prior, Congreve, Dryden, Pope, Addison, &c. avoient fixé la langue Angloise par leurs écrits, au lieu que Chapelain, Colletet, Cassaigne, Faret, Cotin nos premiers Académiciens étoient l'oprobre de nôtre nation, & que leurs noms sont devenus si ridicules, que si quelque auteur passable avoit le malleur de s'appeller aujourdhui Chapelain ou Cotin, il seroit obligé de changer de nom.

Il auroit falu sur tout que l'Académie Angloise se proposât des occupations toutes differentes de la nôtre. Un jour un bel esprit de ce païs-là, me demanda les Mémoires de l'Academie Françoise.

Françoise. Elle n'écrit point de Memoires, lui répondis-je ; mais elle a fait imprimer foixante ou quatre-vingt volumes de complimens. Il en parcourut un ou deux. Il ne put jamais entendre ce ftile, quoi qu'il entendit fort bien tous nos bons auteurs. Tout ce que j'entrevois, me dit-il, dans ces beaux Difcours, c'eft que le recipiendaire aïant affuré que fon predeceffeur étoit un grand homme, que le Cardinal de Richelieu étoit un très grand homme, le Chancelier Seguier un affez grand homme, Loüis quatorze un plus que grand homme ; le Directeur lui répond la même chofe, & ajoûte que le recipiendaire pourroit bien auffi être un efpece de grand homme, & que pour lui Directeur il n'en quitte pas fa part.

IL eft aifé de voir par quelle fatalité prefque tous ces Difcours academiques ont fait fi peu d'honneur à ce corps. *Vitium eft temporis potiùs quam hominis.* L'ufage s'eft infenfiblement établi,

établi, que tout Academicien repeteroit ces Eloges à fa reception: ç'a été une efpece de loi d'ennuïer le public. Si on cherche enfuite pourquoi les plus grands genies qui font entrés dans ce corps ont fait quelquefois les plus mauvaifes harangues, la raifon en eft encore bien aifée; c'eft qu'ils ont voulu briller, c'eft qu'ils ont voulu traiter nouvellement une matiere toute ufée. La neceffité de parler, l'embaras de n'avoir rien à dire, & l'envie d'avoir de l'efprit, font trois chofes capables de rendre ridicule même le plus grand homme. Ne pouvant trouver des penfées nouvelles, ils ont cherché des tours nouveaux, & ont parlé fans penfer, comme des gens qui mâcheroient à vuide, & feroient femblant de manger en periffant d'inanition.

Au lieu que c'eft une loi dans l'Academie Françoife, de faire imprimer tous ces Difcours par lefquels feuls elle eft connuë; ce devroit être une loi de ne les imprimer pas.

L'ACA-

L'ACADEMIE des Belles Lettres s'eſt propoſé un but plus ſage, & plus utile : c'eſt de préſenter au public un recuëil de Memoires remplis de recherches & de critiques curieuſes. Ces Memoires ſont déja eſtimés chez les étrangers. On ſouhaiteroit ſeulement, que quelques matieres y fuſſent plus aprofondies, & qu'on n'en eut point traité d'autres. On ſe feroit, par exemple, fort bien paſſé de je ne ſçay quelle differtation ſur les prerogatives de la Main droite ſur la main gauche, & quelques autres recherches qui ſous un titre moins ridicule, n'en ſont gueres moins frivoles.

L'ACADEMIE des Sciences dans ſes recherches plus difficiles & d'une utilité plus ſenſible, embraſſe la connoiſſance de la nature & la perfection des arts. Il eſt à croire que des études ſi profondes & ſi ſuivies, des calculs ſi exacts, des découvertes ſi fines, des vuës ſi grandes, produiront enfin quelque choſe qui ſervira au bien de l'univers.

Juſqu'à

Jufqu'à prefent, comme nous l'avons déja obfervé enfemble, c'eft dans les fiécles les plus barbares que fe font faites les plus utiles découvertes. Il femble que le partage des tems les plus éclairés, & des compagnies les plus favantes, foit de raifonner fur ce que des ignorans ont inventé. On fait aujourd'hui après les longues difputes de Mr. Huygens & de Mr. Renaud la determination de l'angle le plus avantageux d'un gouvernail de vaiffeau avec la quille; mais Chriftophle Colomb avoit découvert l'Amerique fans rien foupçonner de cet angle.

Je fuis bien loin d'inferer de là qu'il faille s'en tenir feulement à une pratique aveugle: mais il feroit heureux que les Phificiens & les Géometres joigniffent autant qu'il eft poffible la pratique à la fpeculation.

Faut-il que ce qui fait plus d'honneur à l'efprit humain, foit fouvent ce qui eft le moins utile? Un homme avec les quatres regles d'arithmetique

& du bon sens devient un grand négociant, un Jacques Coeur, un Delmet, un Bernard, tandis qu'un pauvre Algebriste passe sa vie à chercher dans les nombres des raports & des proprietés étonnantes, mais sans usage, & qui ne lui aprendront pas ce que c'est que le change. Tous les arts sont à peu près dans ce cas. Il y a un point, passé lequel les recherches ne sont plus que pour la curiosité. Ces verités ingenieuses & inutiles ressemblent à des étoiles qui placées trop loin de nous ne nous donnent point de clarté.

Pour l'Académie Françoise, quel service ne rendroit-elle pas aux Lettres, à la Langue, & à la Nation, si au lieu de faire imprimer tous les ans des complimens, elle faisoit imprimer les bons Ouvrages du siecle de Loüis quatorze, épurés de toutes les fautes de langage qui s'y sont glissées. Corneille & Moliere en sont pleins. La Fontaine en fourmille. Celles qu'on ne pourroit pas corriger, seroient au moins marquées. L'Europe

L'Europe qui lit ces auteurs, aprendroit par eux nôtre langue avec sureté. Sa pureté seroit à jamais fixée. Les bons livres François imprimés avec soin aux dépens du Roi, seroient un des plus glorieux monumens de la nation. J'ay ouï dire que Mr. Despreaux avoit fait autrefois cette proposition, & qu'elle a été renouvellée par un homme dont l'esprit, la sagesse, & la saine critique sont connus; mais cette idée a eu le sort de beaucoup d'autres projets utiles, d'être approuvée & d'être negligée.

LETTRE

LETTRE
SUR
L'INCENDIE
DE LA
Ville d'Altena.

L'Extrême difficulté que nous avons en France de faire venir des livres de Hollande, est cause que je n'ai vû que tard le neuviéme Tome de la Bibliotheque Raisonnée, & je dirai en passant que si le reste de ce Journal répond à ce que j'en ai parcouru, les gens de Lettres sont à plaindre en France de ne le pas connoitre.

SUR LES ANGLOIS. 223

A la Page 469 de ce neuviéme Tome, Seconde Partie, j'ai trouvé une Lettre contre moi, par laquelle on me reproche d'avoir calomnié la Ville de Hambourg dans l'Histoire de Charles XII.

Depuis quelques jours un Hambourgeois, homme de Lettres & de merite, nommé Mr. Richey, m'ayant fait l'honneur de me venir voir, m'a renouvellé ces plaintes au nom de ses compatriotes.

Voici le fait, & voici ce que suis obligé de déclarer.

Dans le fort de cette guerre malheureuse qui a ravagé le Nord, les Comtes de Steinbock & de Welling, Généraux du Roy de Suede, prirent en 1713, dans la Ville de Hambourg même, la resolution de bruler Altena, Ville commerçante, appartenant aux Danois, & qui commençoit à faire quelque ombrage au Commerce de Hambourg.

Cette resolution fut executée sans misericorde la nuit du neuf Janvier.
Ces

Ces Généraux coucherent à Hambourg cette nuit-là même ; ils y coucherent le 10, le 11, le 12, & le 13, & datérent de Hambourg les Lettres qu'ils écrivirent pour tâcher de juſtifier cette barbarie.

Il eſt encore certain, & les Hambourgeois n'en diſconviennent pas qu'on refuſa l'entrée de Hambourg à pluſieurs Altenois, à des Vieillards, à des Femmes groſſes, qui vinrent y demander un refuge, & que quelques-uns de ces miſerables expirerent ſous les murs de cette Ville au milieu de la neige & de la glace, conſumés de froid & de miſere, tandis que leur patrie étoit en cendre.

J'ai été obligé de raporter ces faits dans l'Hiſtoire de Charles XII. Un de ceux qui m'ont communiqué des Memoires, me marque très poſitivement dans une de ſes Lettres, que les Hambourgeois avoient donné de l'argent au Comte de Steinbock, pour l'engager à exterminer Altena, comme la rivale de leur Commerce. Je n'ai
point

point adopté une accufation fi grave, quelque raifon que j'aye d'être convaincu de la mechanceté des hommes; je n'ai jamais cru le crime fi aifément, j'ai combatu efficacement plus d'une calomnie, & je fuis le feul qui ait ofé juftifier la memoire du Comte Piper par des raifons, lorfque toute l'Europe le calomnioit par des conjectures.

Au lieu donc de fuivre le Memoire qu'on m'avoit envoyé, je me fuis contenté de raporter *qu'on difoit* que les Hambourgeois avoient donné fecrettement de l'argent au Comte de Steinbock.

Ce bruit a été univerfel & fondé fur des apparences; un Hiftorien peut raporter les bruits auffi-bien que les faits, & quand il ne donne une rumeur publique, une opinion, que pour une opinion, & non pour une verité, il n'en eft ni refponfable, ni reprehenfible.

Mais lors qu'il aprend que cette opinion populaire eft fauffe & calomnieufe, alors fon devoir eft de le declarer,

rer, & de remercier publiquement ceux qui l'ont inftruit.

C'est le cas où je me trouve. Mr. Richey m'a démontré l'innocence de fes Compatriotes. La Bibliotheque Raifonnée a auffi très-folidement repouffé l'accufation intentée contre la Ville de Hambourg. L'Auteur de la Lettre contre moi, eft feulement reprehenfible, en ce qu'il m'attribue d'avoir dit pofitivement que la Ville de Hambourg étoit coupable; il devoit diftinguer entre l'opinion d'une partie du Nord, que j'ai raportée comme un bruit vague, & l'affirmation qu'il m'impute. Si j'avois dit en effet *la Ville de Hambourg a acheté la ruine de la Ville d'Altena,* je lui en demanderois pardon très-humblement, perfuadé qu'il n'y a de honte qu'à ne fe point retracter quand on a tort. Mais j'ai dit la verité en raportant un bruit qui a couru, & je dis la verité en difant qu'ayant examiné ce bruit, je l'ai trouvé plein de fauffeté.

Je

Je dois encore déclarer qu'il regnoit des maladies contagieuses à Altena dans le tems de l'incendie, & que si les Hambourgeois n'avoient point de Lazarets (comme on me l'assure,) point d'endroit où l'on pût mettre à couvert & separément les Vieillards, & les Femmes qui perirent à leur vûe; ils sont très-excusables de ne les avoir pas recueillis. Car la conservation de sa propre Ville, doit être preferée au salut des étrangers.

J'aurai très-grand soin que l'on corrige cet endroit de l'Histoire de Charles XII. dans la Nouvelle Edition commencée à Amsterdam, & qu'on le reduise à l'exacte vérité dont je fais profession & que je prefere à tout.

J'aprends aussi que l'on a inseré dans des papiers hebdomadaires des Lettres aussi outrageantes que mal écrites du Poëte Rousseau au sujet de la Tragedie de Zaïre. Cet Auteur de plusieurs pieces de Theatre, toutes sifflées, fait le procès à une piece qui a été reçeüe du Public avec assez d'indulgence: & cet Auteur de tant d'ouvrages impies me reproche publiquement d'avoir peu respecté la Religion dans une Tragedie representée avec l'aprobation des plus vertueux Magistrats, lûe par Mgr. le Cardinal de Fleury & qu'on represente déjà dans quelques Maisons Religieuses. On me fera bien l'honneur de croire que je ne m'avilirai pas à répondre au Poëte Rousseau.

TABLE

TABLE DES Principales Matieres.

A.

ACADEMIE. Projet d'un Academie Angloise pour perfectionner la Langue, p. 214. Raisons qui le firent echouer, 215. Reflexions sur l'Academie Françoise, & sur celle des Sciences, 217, 218, & suiv. Utilité dont l'Academie Françoise pourroit être en France aux Belles Lettres. 220, 221

ADDISON. Defaut considerable dans sa belle Tragedie de Caton, 167. Estime où il est en Angleterre. 204, 205

ALTENA. Justification de l'Auteur sur ce qu'il a dit dans l'Histoire de Charles XII. de l'Incendie d'Altena. 222, & suiv.

AME. Ignorance des Anciens sur la nature de l'Ame. Sentiment des Peres, des Docteurs Scholastiques, & des nouveaux Philosophes. 92, & suiv.

ANAXAGORAS. Son Sentiment sur la nature de l'Ame. 92

TABLE.

ANGLETERRE. C'eſt proprement le Pays des Sectaires. 33

ANTONIO. Perſonage ridicule d'une Tragedie d'Otway. 160

ARGONAUTES. Newton a fixé le tems de leur Expedition 900 ans avant J. C. 156

ARISTOTE. Il n'a eu tant de Commentateurs que parce qu'il eſt inintelligible. 92

ASTRONOMIE. Uſage que Newton a fait de cette Science pour rectifier la Chronologie. 152

ATTRACTION. Newton a pris ſon ſiſteme de l'Attraction du Chancelier Bacon, p. 87, 88. Explication de ce Siſteme, 121, & ſuiv. Juſtification du nom d'Attraction. 131, & ſuiv.

B.

BACON (le Chancelier) ſon Caractere & ſon Eloge, 81, & ſuiv. Reflexions curieuſes ſur ſes decouvertes Philoſophiques & ſur ſes Ouvrages, 88, & ſuiv. Critique de ſon Hiſtoire de Henri VII. p. 89, 90.

BAPTÊME. Idée que les Quakers en ont. p. 4, 5.

BARBARIE. C'eſt dans les Siecles de la plus grande Barbarie qu'on a decouvert les Inventions les plus utiles. p. 219

BARCLAY (Robert) Auteur de *l'Expoſition de Foi* des Quakers, ouvrage très eſtimé,

TABLE.

estimé, p. 7. Il le presente au Roi Charles II. p. 21.

BASTILLE. Sir John Vanbrugh étant en France est mis à la Bastille sans savoir pourquoi, p. 174.

BERNARD (St.) Opinion singuliere de ce Pere sur l'état des Ames aprés la mort, 93.

BERNOULLY. S'il est l'Inventeur du Calcul integral, p. 148.

BIBLIOTHEQUE *raisonnée*, Journal utile, mais inconnu en France, p. 222.

BOLINGBROKE (Mylord) regardé comme un des Defenseurs de l'Eglise Anglicane, p. 35. Reponse noble & ingenieuse de ce Seigneur au sujet du Duc de Marlborough, p. 83.

BROUNKER (le Lord) trouve la quadrature de l'Hyperbole, p. 146.

C.

CHARTA (MAGNA) Edit celebre que les Anglois regardent comme le fondement de leurs libertés, p. 61. Examen de cette piece, p. 62, *& suiv*.

CHINOIS. Ils pratiquent depuis plus de deux cens ans l'Inoculation, p. 78, 79.

CHRONOLOGIE. Nouvelles decouvertes de Newton dans cette Science, p. 150. Principes sur lesquels il les a etablies, p. 151, *&c*.

CIBBER (Mr.) Poëte Anglois, & excellent Comedien, p. 176.

TABLE.

CIRCASSIENS. Ces peuples ont inventé l'inoculation de la Petite Verole. Raifons qu'ils ont eu pour prendre cet ufage, p. 71, 72.

CLARKE (le Docteur) celebre Theologien, Partifan du Socinianifme, p. 46. fon Caractere, *ibid*. fon attachement pour cette Secte lui coute fa fortune, p. 47.

CLERGE'. Quelle eft fon autorité en Angleterre, p. 35, 36. Il mêne une vie plus réguliere que le Clergé de France, p. 37. La plûpart des Miniftres font pedans, & peu propres à la Societé, p. 37. Ils favent s'enyvrer fans fcandale, p. 38.

COMEDIE. Les Anglois ont des Comedies d'une grande beauté, mais pour les gouter il faut favoir leur Langue, parce qu'elles perdent trop dans la traduction. p. 177.

COMETES. Expliquées par Newton. Sentiment de quelques autres Philofophes. p. 128.

COMMERCE. Etat floriffant du Commerce en Angleterre, p. 66. Noble fimplicité des riches Marchands de Londres, p. 68.

COMMUNES. L'Origine de la Chambre des Communes eft fort obfcure, p. 61. De quelle maniere fon Autorité s'eft accrue, p. 62.

CONGREVE. Célébre Poëte Anglois, il a fait quelques Comedies excellentes. Son Caractere, p. 175. Ses Sentimens dans une

TABLE.

une visite que lui rend Mr. de Voltaire, p. 175, 176.

COULEURS. Differentes couleurs des Rayons de la lumiere fixées par Newton, p. 139.

COURAYER (le Pere) favant Moine de France. Il a écrit en faveur des Ordinations des Anglois. Opinion qu'on a de fon Ouvrage en France & en Angleterre. p. 36. Il étoit inutile aux Anglois, *ibid.* Il l'eft auffi pour l'Auteur.

COURTISANS François. Quelles font leurs Divinités? p. 179.

CROMWELL. Il perfecute les Quakers, parce que leur Religion leur defend de combattre, p. 16.

D.

DESCARTES. Son Caractere. Abregé de fa vie. Jugement fur fes Talens, fur fes Ouvrages, & fur fes Progrés dans la Philofophie, la Geometrie, &c. p. 108. *& fuiv.* Comparé à Newton, p. 108, 112. Newton a detruit la plûpart de fes principes, p. 119.

DIFFERENCE remarquable entre la Comedie & la Tragedie, p. 177, 178.

DOMINIS (Antonio de) Il explique le premier la caufe de l'Arc en Ciel, p. 137.

DRYDEN. Excellent Poëte Anglois. Son Caractere, p. 164. Traduction d'un bel endroit de fes Ouvrages, p. 165.

ECOLE

TABLE.

E.

ECOLE DES FEMMES, Comedie de Moliere imitée par Wycherley sous le nom de *Country Wife*, p. 173.

EFFIAT (le Marquis d') Compliment ingenieux de ce Seigneur au Chancelier Bacon, p. 82.

ENTHOUSIASTE. De quelle difficulté il est de ramener un Enthousiaste à la raison, p. 6.

EPITAPHE de Sir John Vanbrugh, p. 174.

ERREUR des Anglois sur la Mesure de la Terre, rectifiée par Newton, p. 123.

ESSENCE. Celle de la Matiere, suivant Newton, ne consiste pas seulement dans l'Etendue; & celle de l'Ame n'est point la Pensée suivant Locke; opposés l'un & l'autre à Descartes, p. 167.

EUGENE (le Prince) emprunte cinq millions des Marchands de Londres, p. 67.

F.

FERMAT, le seul François du tems de Descartes, qui fut capable d'entendre sa Geometrie, p. 113.

FLEURY (le Cardinal) son gout pour les Belles Lettres, p. 238.

FLOTTES. Les Anglois en 1723. en avoient tout à la fois en mer trois des plus puissantes, p. 67.

TABLE.

FONTENELLE (Mr. de) Il a fait l'Eloge de Newton. Les Anglois se sont plaints qu'il ait comparé Descartes à ce Philosophe, p. 108. Il a attaqué le sisteme de l'Attraction, p. 131.

Fox (George) Auteur de la Secte des Quakers. Son Caractere & ses Avantures, p. 17, & suiv.

FRANCINE. Maitresse de Descartes dont il eut un enfant, p. 109.

FRANÇOIS. Quelle opinion ils ont de l'Angleterre? p. 53, 54. Descartes peu estimé de plusieurs Anglois par la seule raison qu'il étoit François, p. 108.

G.

GALILE'E. Mis à l'Inquisition pour avoir démontré le mouvement de la Terre, p. 111.

GENERATIONS. Quelle proportion il y a entre leur durée & celle des Regnes? p. 151.

GE'OMETRIE des Infinis. Sublimes decouvertes de Newton dans cette Science, p. 151, & suiv.

GORDON (Mr.) bel esprit de Londres, connu par plusieurs Ouvrages, p. 201.

GOUVERNEMENT. Divers changemens du Gouvernement d'Angleterre, p. 56, & suiv. Maniere dont on y leve les Taxes & les Impots, p. 64, 65.

GRANDS-

TABLE.

GRANDS-HOMMES. Reponse à la Question, quel est le plus grand Homme qui ait été jusqu'à present? p. 80.

GUERRES Civiles de France. Aussi cruelles, & plus folles que celles d'Angleterre, p. 54, 55.

H.

HAINE entre les Presbiteriens & les Episcopaux d'Angleterre à peu prés pareille à celle des Jansenistes & des Jesuites, avec cette difference que les premiers gardent mieux les dehors, p. 41, 42.

HALLEY (le Docteur) son sentiment par rapport à la Comete de 1680. p. 129.

HAMBOURG. Plaintes des Habitans de Hambourg sur quelques Articles de l'Histoire de Charles XII, p. 222.

HISTORIENS. Les Anglois manquent de bons Historiens, p. 200.

HOLLANDE. Descartes y fut persecuté parce qu'on n'y comprenoit point sa Philosophie, p. 110.

HUDIBRAS. POEME fameux de *Butler*. Jugement sur cet Ouvrage, p. 195.

HYPPARQUE. Philosophe Grec. Ses Observations Astronomiques, p. 153.

HYPERBOLE. Sa quadrature trouvée par le Lord Brounker, p. 146.

TABLE.

I.

IMPOTS. De quelle maniere ils se levent en Angleterre? p. 64.

IMPULSION. Ce mot n'est pas plus intelligible en Philosophie que celui d'*Attraction*, p. 132.

INFINIS. Geometrie des Infinis merveilleusement approfondie par Newton, p. 146, *& suiv.*

INOCULATION. Methode venuë d'Asie pour prevenir la Petite Verole. Origine de cette Invention, p. 71, *& suiv.* Histoire curieuse de la maniere dont elle a été apportée en Angleterre, p. 75. Effets qu'elle a produit dans ce pays, p. 77. Utilité dont elle pourroit être ailleurs & sur tout en France, p. 78. On dit que les Chinois la pratiquent il y a longtems, *ibid. &* 79.

INVENTIONS. La gloire de plusieurs nouvelles Inventions est contestée entre divers grands hommes, p. 148. On remarque que les Inventions les plus utiles & les plus considerables, sont duës aux Siecles les plus ignorans & les plus barbares, p. 85, 86.

L.

LANGUE Angloise. Il faut la savoir pour juger du merite des Anglois, &
pour

TABLE.

pour connoitre le prix de leurs Ouvrages d'esprit, p. 177.

LEIBNITZ. S'il est l'Inventeur du calcul des Fluxions, 148.

LEEWENHOECK. Sa dispute avec Hartsoecker, p. 148.

LIBERTE'. Amour des Anglois pour la Liberté. Il va jusqu'à les rendre jaloux de celle des autres, p. 53. Fondement de leurs Libertés, p. 61. Examen de leurs Libertés, *ibid. & suiv.*

LOCKE (Jean) Son Caractere, p. 91, 94. Idée de sa Philosophie, p. 95, *& suiv.* Il est accusé d'en vouloir à la Religion, p. 97.

LONGITUDES. Recompense promise en Angleterre à celui qui les decouvrira p. 204.

LULLY, meprisé par les Musiciens ignorans d'Italie, & admiré par les plus habiles, p. 176.

M.

MACHINES. Si les Betes sont de pures Machines? Raisonnement de l'Auteur contre ce Sentiment, p. 101.

MAJESTE'. Le Peuple Anglois traité de Majesté par un Membre du Parlement, p. 49.

MALEBRANCHE. Les Quakers estiment le P. Malebranche, & le regardent comme un des Partisans de leur Secte, p. 15.

MARCHANDS

TABLE.

MARCHANDS de Londres. Leurs Richeſſes & leur generoſité, p. 67. Les plus gros Seigneurs n'y croient pas le Commerce indigne d'eux. Exemples qui le prouvent, p. 68.

MATIERE. L'eſſence de la matiere ſuivant Newton conſiſte dans la ſolidité & l'etendue, p. 107.

MESURE de la Circonference du Globe terreſtre, p. 125.

MILTON. Une fille de ce grand homme, ſauvée de la miſere par les liberalités de la Reine d'Angleterre, p. 76.

MISANTROPE de Moliere imité par Wycherley, ſous le nom de *Plain-Dealer*. p. 170.

MONTAGUE (Mylady Wortley) On lui a l'obligation en Angleterre d'y avoir apporté la methode de l'Inoculàtion. Eloge de cette Dame, p. 75.

MURALT (Mr.) dans ſes Lettres ſur les Anglois & les François ne s'eſt point aſſez étendu ſur les Comedies d'Angleterre, p. 169.

N.

NEWTON (Sir Iſaac) Partiſan du Socinianiſme, p. 46. Le plus grand homme, au jugement de pluſieurs, qui ait été juſqu'à preſent, p. 80. Sa Philoſophie toute differente de celle de France, p. 105. On explique ſes principes les plus curieux

TABLE.

curieux & les plus importans, depuis la page 117. jufqu'à la page 157. Il s'eft elevé à une efpece de Monarchie univerfelle dans les Sciences, *ibid*.

NORD-HOLLANDE. Lieu où Defcartes s'étoit retiré pour philofopher, p. 110.

O.

OLDFIELD (Mademoifelle) celebre Actrice de Londres. Honneurs qu'elle a reçus après fa mort, p. 206.

OPACITÉ. Caufe de l'opacité des Corps découverte par Newton, p. 140.

OPTIQUE. Admirables decouvertes de Sir Ifaac Newton dans cette Science, p. 136. Methode qu'il a prife pour les faire, p. 139, *& fuiv.*

ORDINATIONS Anglicanes defendues par le P. Courayer. Quelle Obligation les Anglois lui ont pour fon Ouvrage? p. 36.

OTWAY. Il a imité ridiculement Shakefpear dans fes defauts, p. 159.

OXFORD (le Comte d') regardé comme défenfeur de l'Eglife Anglicane, p. 35. Il favorife le Projet d'une Academie, p. 214.

P.

PAIRS. Les Pairs font le boulevard des Rois d'Angleterre contre l'autorité redoutable des Communes, p. 63. La Pairie

TABLE.

rie ne confiste qu'en un titre, auquel il n'y a point de terres attachées, *ibid.*

PAPES. Ancienne Tyrannie des Papes en Angleterre, p. 58, *&c.*

PARLEMENT. Comparaison du Parlement d'Angleterre avec les anciens Romains, p. 50. On examine si elle est juste, *ibid. & suiv.* Reflexions sur la liberté des Anglois, & sur l'autorité du Parlement, p. 51, *& suiv.*

PEN (William) Chef des Quakers en A-merique, p. 23. C'est de lui que la Pensylvanie tire son nom, p. 27. Avantures de sa Vie. Ses Voyages. Ordre qu'il met parmi ses Sectateurs, p. 27, 28. Quelques uns pretendent qu'il étoit Jesuite. Il s'est justifié de cette accusation. p. 30.

PHILOSOPHIE. Quelle obligation elle a au Chancelier Bacon, p. 84. à Descartes, p. 115. à Newton, p. 112.

PICART (Mr.) Secours que Newton a tiré de lui pour confirmer son sisteme, p. 124.

POPE (Mr.) un des plus grands Poëtes d'Angleterre. Son Caractere, p. 197. Traduction d'un bel endroit de ses Ouvrages, 198, *& suiv.* C'est le Boileau d'Angleterre, p 214. Consideration qu'on a pour lui à Londres, p. 205.

PRESBITERIENS. Ce qu'ils font en Angleterre, p. 39. Difference entre les Ministres Presbiteriens & ceux de l'Eglise Anglicane, p. 40. Le Presbiterianisme

Q   est

TABLE.

est la Secte la plus considerable d'Angleterre aprés la Religion dominante, p. 41.

PRIOR, Poëte Anglois d'un merite distingué, p. 194. Recompensé par un grand emploi, p. 205.

PRYNNE. Ministre fanatique, p. 207. Ses raisonnemens contre les Spectacles, p. 208.

Q.

QUAKERS. Entretien de l'Auteur avec un ancien Quaker, p. 2. Quelle opinion les Quakers ont du Baptême, p. 3, 4, 5. Usages de leurs Eglises, p. 12, 13. Ils n'ont ni Pretres ni Ministres, p. 13. Origine des Quakers, p. 17. Persécutions qu'ils eurent à souffrir, & établissement de leur doctrine, p. 19, & suiv. Ils vont s'établir en Amerique particulierement en Pensylvanie, p. 27, & suiv. Leur Secte diminue tous les jours en Angleterre. Raisons de cela, p. 31.

QUALITÉ. Les Personnes de Qualité se font un honneur en Angleterre de cultiver les Lettres, p. 193.

R.

RAYONS. Difference des Rayons qui composent la lumiere suivant le Sisteme de Newton, p. 139.

REGNES.

TABLE.

REGNES. Quelle proportion il y a entre la dureé des Regnes & celle des Generations? p. 151.

REINE (la) Éloge de la Reine d'Angleterre. Elle protege les Sciences, p. 76.

RELIGION. Pluralité de Religions neceſſaire pour le bonheur & la tranquillité des Anglois, p. 43.

RETS (le Cardinal de) fon Caractere, p. 54.

REVENU annuel. Un grand nombre de particuliers fans titre, en Angleterre, ont deux cens mille francs de revenu, p. 65.

REVOLUTION finguliere de la Terre, nouvellement découverte, p. 152.

RICHEY (Mr.) Citoyen de Hambourg s'eſt plaint à l'Auteur de quelques endroits de l'Hiſtoire de Charles XII. p. 223.

ROCHESTER (le Comte de) fon eloge, p. 184. Bel endroit d'une de ſes Satires, p. 186, & ſuiv.

ROMAINS. Comparaiſon des Anglois avec les Romains, p. 50.

ROUSSEAU Zele du Poëte Rouſſeau pour la Religion, p. 227.

ROYAL EXCHANGE. C'eſt le nom de la Bourſe de Londres. Belle idée de ce lieu, p. 42.

TABLE.

S.

SECTES. L'Angleterre eſt proprement le Pays des Sectes, p. 33. Les Philoſophes ne formeront jamais de Sectes Religieuſes, parce qu'ils ſont exempts d'enthouſiaſme, p. 103.

SHAKESPEAR. Le premier Poëte qui ait mis le Theatre en honeur en Angleterre, p. 158. Son Caractere, *ibid*. Le reſpect & l'admiration que les Anglois ont pour lui produit de mauvais effet, p. 159, *& ſuiv*. Bel endroit d'une de ſes Tragedies traduit en François. p. 162.

SOCINIENS. De qui cette Secte eſt compoſée en Angleterre, p. 44. Newton & le Docteur Clarke favoriſoient le Socinianiſme, p. 46. Reflexions ſur l'état de cette Secte, p. 47.

SOUBISE (le Prince de) Il meurt de la petite Verole à la fleur de ſon age, p. 78.

SPECTACLES. Ils ſont defendus à Londres le Dimanche, auſſi bien que les Cartes, & toute autre ſorte de jeux, p. 41.

STEELE (Sir Richard) Auteur de pluſieurs bonnes Comedies, p. 176.

STEINBOCK (le Comte de) un des Generaux Suedois qui brulerent Altena, p. 223.

SWIFT (le Docteur) ſon Caractere & ſon Eloge. Comparaiſon de cet Auteur avec Rabelais, p. 196, 197.

TELES-

TABLE.

T.

TELESCOPE. Nouveau Telescope de l'invention de Newton, p. 144.

THEATRES. L'Angleterre a eu des Theatres avant la France, p. 158.

THEOLOGIENS. Espece d'hommes d'un Caractere incommode, & qui ne se renferment point assez dans les bornes de leur profession, p. 97, 98. Beaucoup plus dangereux pour le genre humain que les Philosophes, p. 104.

THOU (De) Auteur judicieux, jusques dans son Stile, p. 90.

TORIS. Parti puissant en Angleterre, opposé aux Whigs, p. 34.

TRADUCTION. Divers Passages des Poëtes Anglois traduits par M. de Voltaire. De Shakespear, p. 162, &c. De Dryden, p. 165, &c. Du Comte de Rochester, p. 186, &c. De Waller, p. 190. De Mr. Pope, p. 198, &c. De Mylord.... p. 182, &c. Qualités necessaires d'une bonne Traduction, p. 164.

TRAGEDIES. Reflexions sur l'état de la Tragedie en Angleterre, p. 166, & suiv.

TUTOYER. Les Quakers ne parlent qu'en tutoyant. Maniere dont ils justifient cet Usage, p. 8. Exemple d'un discours de ce genre adressé à Charles II. p. 22.

VANBRUG

TABLE.

V.

VANBRUG (Sir John) Auteur de plusieurs bonnes Comedies, & celebre Architecte. Son Caractere & son Epitaphe, p. 174. Il fait le Voyage de France, & il est mis à la Bastille, *ibid*.

VEROLE (petite) Maniere de la prevenir par l'inoculation. Histoire curieuse de ce Remede, p. 70, *& suiv*. Ravages qu'elle fit à Paris en 1723, p. 78.

VILLEQUIER (le Duc de) sa mort à la fleur de son age, p. 78.

VOITURE. Jugement sur le merite de cet Auteur, p. 119, 190.

W.

WALLER. Poëte Anglois. Son Caractere & son Eloge, p. 188.

WALLIS (le Docteur) ses Progrés dans la Géometrie, p. 146.

WARBECK (Perkin) Imposteur fameux en Angleterre sous le Regne de Henry VII. p. 89.

WELLING (le Comte de) General Suedois qui brule la Ville d'Altena, p. 223.

WHIGS. Parti considerable en Angleterre opposé aux Toris, p. 34.

WHISTON (Mr.) son Sentiment sur le Deluge, p. 130.

WYCHER-

TABLE.

WYCHERLEY, Auteur de plusieurs Comedies excellentes. Il a fort imité Moliere, sur tout dans le *Plain-Dealer*, p. 170. sujet de cette Comedie, & d'une autre intitulée *The Country Wife*, p. 170, 171. Ce Poëte a eu part aux faveurs de la plus fameuse des Maitresses de Charles II. p. 170.

F I N.

www.ingramcontent.com/pod-product-compliance
Lightning Source LLC
Chambersburg PA
CBHW070643170426
43200CB00010B/2114